国家哲学社会科学基金重大项目（20ZDA073）
国家自然科学基金面上项目（71773120）资助

革命老区 乡村振兴研究

数字经济背景下存在"弯道超车"的理论前瞻

陈前恒 等著

团结出版社

图书在版编目（ＣＩＰ）数据

革命老区乡村振兴研究：数字经济背景下存在"弯道超车"的理论前瞻/陈前恒著．一北京： 团结出版社，2022.12

ISBN 978-7-5126-9699-0

Ⅰ.①革… Ⅱ.①陈… Ⅲ.农村‒社会主义建设‒研究‒中国 Ⅳ.① F320.3

中国版本图书馆 CIP 数据核字 (2022) 第 178873 号

出　版：团结出版社

（北京市东城区东皇城根南街 84 号　邮编：100006）

电　话：（010）65228880　65244790

网　址：http://www.tjpress.com

E-mail：zb65244790@vip.163.com

经　销：全国新华书店

印　装：天津盛辉印刷有限公司

开　本：170mm×240mm　16 开

印　张：16.75

字　数：236 千字

版　次：2022 年 12 月　第 1 版

印　次：2022 年 12 月　第 1 次印刷

书　号：978-7-5126-9699-0

定　价：86.00 元

序

　　革命老区是党和人民军队的根，是中国人民选择中国共产党的历史见证。革命老区大部分位于多省交界地区，很多属于欠发达地区。长期以来，党中央和国务院高度重视革命老区发展。党的十八大以来，从河北阜平、西柏坡，到山东沂蒙、福建古田、安徽金寨，再到陕西延安、贵州遵义、江西井冈山、湖南汝城……一个个革命老区留下了习近平总书记的脚印，也回响着掷地有声的承诺："让老区农村贫困人口尽快脱贫致富，确保老区人民同全国人民一道进入全面小康社会，是我们党和政府义不容辞的责任。"

　　在习近平总书记有关革命老区发展论述引领下，革命老区集中力量开展脱贫攻坚工作。自2012年以来，取得了巨大的发展成就。革命老区地区生产总值从2013年的21.27万亿元上升到2020年的35.13万亿元。一般公共预算收入总数从2012年的1.14万亿元上升到2020年的2.24万亿元。革命老区居民储蓄存款余额总数从2012年的1.05万亿元上升到2020年的2.95万亿元。革命老区的医疗卫生机构床位数迅速增加，从2013年的193.95万床增至2020年的326.20万床，增幅为68.19%；社会福利收养性单位数从2012年的19785个增至2020年的27467个，增幅达38.83%；社会福利收养性单位床位数从2012年的1641029床增至2020年的2520010床，增幅达53.56%。

　　尽管革命老区发展取得了巨大成就，但由于大多数革命老区家底薄弱，经济社会发展仍旧相对落后，至今仍属于欠发达地区。在迈向共同富裕和实施乡村振兴的道路上，革命老区将是难点区域和主战场之一。开展革命老区乡村振兴研究，对于提升老区群众的获得感、幸福感和安全感，传承红色基因和推动革命老区实现共同富裕具有重要意义。

2010 年，中国农业大学陈前恒教授开始承担中国扶贫发展中心（国务院扶贫办外资项目管理中心）组织实施的中央专项彩票公益金支持革命老区乡村发展项目基线调查、评估和绩效评价任务，目睹了中央专项彩票公益金从支持革命老区脱贫攻坚到乡村振兴的转变。做项目过程中，他到过几十个革命老区县上百个村庄进行调查，不仅熟悉革命老区情况，也亲身体验到了老区发展取得的巨大成就以及还具有相对落后的一面。

为帮助老区群众在实现共同富裕的道路上不掉队，他牵头几位学者开展革命老区乡村振兴研究工作。《革命老区乡村振兴研究》就是这项工作的成果。这本书是国内第一本比较系统研究革命老区乡村振兴的学术著作，具有一定的创新性。基于大量的实地调查数据，得出的研究结论比较准确、可靠，对推动革命老区乡村振兴事业有比较重要的政策参考价值。书中提出的"在数字经济背景下，革命老区乡村振兴可能存在后发优势"的理论预见具有一定的前瞻性。当然，理论预见是否正确，还需要实践加以检验。希望陈前恒教授团队在革命老区乡村振兴研究上继续前行，为老区乡村振兴事业再做贡献。

中国农业大学国家乡村振兴研究院革命老区研究中心

目录

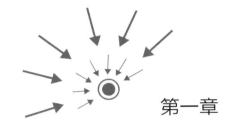

第一章

革命老区乡村振兴研究
总研究报告

● 本章作者：陈前恒，中国农业大学经济管理学院教授、中国农业大学国家乡村振兴研究院革命老区研究中心主任。

一、绪论

（一）研究背景和意义

革命老区是党和人民军队的根，是中国人民选择中国共产党的历史见证。根据各省、自治区、直辖市1995年上报材料统计，全国共有1389个县（市、区、旗），约占全国县级行政区总数的近50%。革命老区面积约为270万平方公里，约占有革命老区省份国土面积的45%。2020年，革命老区户籍人口70219.722万人，约占全国人口的55%。

长期以来，党中央和国务院高度重视革命老区发展。党的十八大以来，从河北阜平、西柏坡，到山东沂蒙、福建古田、安徽金寨，再到陕西延安、贵州遵义、江西井冈山……一个个革命老区留下了习近平总书记的脚印，习近平总书记就革命老区振兴发展作出一系列重要指示，提出一系列明确要求。

在习近平总书记有关革命老区发展论述引领下，革命老区自2012年以来，取得了巨大发展成就。革命老区地区生产总值从2013年的21.27万亿元上升到2020年的35.13万亿元。一般公共预算收入总数从2012年的1.14万亿元上升到2020年的2.24万亿元。革命老区居民储蓄存款余额总数从2012年的1.05万亿元上升到2020年的2.95万亿元。革命老区的医疗卫生机构床位数迅速增加，从2013年的193.95万床增至2020年的326.20万床，增幅为68.19%；社会福利收养性单位数从2012年的19785个增至2020年的27467个，增幅达38.83%；社会福利收养性单位床位数从2012年的1641029床增至2020年的2520010床，增幅达53.56%。

尽管革命老区发展取得了巨大成就，但由于革命老区多位于多省交界地区，且多为山区，经济基础比较薄弱，至今仍属于欠发达地区。革命老区将是中国实施全面乡村振兴战略的难点区域和主战场之一。对革命老区乡村振兴全面推进的有效机制和实现途径展开研究，对于提升老区群众的获得感、幸福感和安全感，传承红色基因和推动革命老区实现共同富裕具有重要意义。

以万物互联、大数据、区块链、人工智能等技术应用为代表的数字经济 2.0 时代正深刻影响着人类的生产、流通、消费乃至生存空间，在不断重塑着全球生产、投资、贸易、生活等社会经济网络空间格局的同时，也深刻地变革着生产组织方式。平台经济正在成为数字经济 2.0 时代主导性的生产组织形式，其共有特征是生产、流通、交易和消费的过程往往基于一个共有平台，平台不仅通过代码、文字、图片和视频等电子化方式实现了海量供需信息，而且具备链接海量经济主体的功能，平台组织在网络销售、生活服务、社交娱乐、信息资讯、金融服务和计算应用诸多领域中正在得到广泛的应用。当革命老区乡村振兴事业遇上数字经济，会产生"弯道超车"的可能吗？对这个问题的回答，具有重要的理论意义。

（二）文献综述

本研究文献综述从三个方面展开。一是革命老区发展研究；二是乡村振兴研究；三是数字经济对于促进共同富裕，助推农业产业发展，提高农业生产绩效方面的研究。

1. 革命老区发展研究

革命老区具有特殊的政治地位，对于革命老区发展研究主要涉及革命老区发展现状、存在问题以及破解路径探索等内容。革命老区发展现状的研究得出了比较一致的结论。即革命老区受历史区位条件等问题的影响，长期处于经济较为落后且发展潜力不足的困境之中。近年的研究显示，我国的革命老区经济状况正在逐步改善，革命老区发展不均衡等问题得到了一定程度上的缓解。颜明杰和彭迪云[1]采用了计量方法对革命老区的工作进行定量分析，展现了革命老区的乡村建设上的卓越成果。

关于革命老区发展现状的困境主要聚集在经济效益和民生福祉两个方面。一方面，虽然革命老区的经济效益有了显著的提升，但是特色产业发展不完全，贫富差距大[2]。生态环保问题[3]和人口问题[4]等都阻碍了革命老区经济的持续发展。另一方面，在革命老区的民生福祉方面，众多学者的研究中都发现了革命老区的公共服务设施建设不完善的问题，这将导致革命老区的民生福祉现状发展难以为继[5-7]。黄小钫[8]指出了政策施行过程中存在的政府部门之间协调困难、政策的内在问题和滞后性以及缺乏有效监督等众多问题，革命老区在政策施行时容易出现腐败现象。

从破解路径来看，学术界从不同的视角，为促进革命老区发展提出了许多有针对性的意见，包括发展金融产业[9]、旅游产业[10]和易地搬迁[11]等。同时，还有部分学者看到了乡村振兴发展的进一步措施，创新地建议采取通过产业转型升级等具体措施，从而推动革命老区早日摆脱相对贫困的困境，变"输血"为"造血"。

2. 乡村振兴研究

以乡村振兴为关键词，对2015—2022年间CNKI核心期刊进行检索，发现乡村振兴问题的研究主要是围绕着乡村振兴内涵、现状与问题、路径和对策为主题展开。

乡村振兴内涵方面。李长学[12]认为，相对于新农村建设来说，乡村振兴是突破，更是升级。对象上，新农村建设和乡村振兴是有区别的，前者偏向于农村，而后者依据于乡村，尽管只是差了一个字，但是乡村振兴涵盖的对象范围要远大于新农村建设，受益群众更多；要求方面，乡村振兴比新农村建设在经济、政治、文化、社会、生态等各方面均提出了更高、更全面的要求。李周[13]指出乡村振兴战略包含的内容更加充实，经济、生态、文明、社会、福祉等五方面建设的逻辑推进关系更加清晰。雷明[14]则认为乡村振兴战略的内涵包括提高农村农业等各产业的质量与竞争力、建设乡村振兴战略实施的专业化人才队伍，构建现代乡风文明，提升基层治理水平等。

乡村振兴现状与问题方面。王振花、周斌[15]研究发现，当下农村现代农业产业模式仍面临较多问题，如农业经营模式单一、农民群体意识淡薄，科技观念滞后、现代农业技术人才匮乏等，现代农业产业存在较大发展空间。在乡村振兴战略背景下，应大力发展地方特色农业品牌化，但许多地方存在政策不完善、监管保护机制不健全、企业自身品牌化意识及维护意识淡薄、缺乏新颖及特色和资源整合不到位等问题[16]。有些地方乡村文化资源的建设和供给与村民实际需求存在不相适应的问题，导致许多文化资源无法充分利用[17]。农村青年人才的持续流失，导致农村出现了人口、产业和文化等各种维度的空心化，严重影响了农村经济社会的运行规律，阻碍了乡村振兴战略的顺利实施[18]。

乡村振兴路径与对策方面。通过"农业+"发展路径，如"农业+科技"打造山区农业高新技术产业园、"农业+旅游"打造美丽山区大花园、"农业+互联网"打造山区在线大花园等[19]。推动乡村治理、构建完善的工作机制、强化人才建设等[20–21]。优化农村经济结构，加大农村人才培养和引进力度，增强乡村振兴智力支撑、促进产业创新转型，夯实共同富裕经济基础、促进城乡资源流通，提高农村公共服务均等化水平等乡村振兴的对策与路径[22–25]。

3．数字经济对共同富裕的研究

一些学者开始研究数字经济对于促进共同富裕方面的研究。欧阳日辉[26]认为，数字经济通过创新效应、溢出效应、协同效应和普惠效应，为均衡发展提供了共享机制，推动了全社会共享数字经济红利；数字经济促进共同富裕的实现，需要进一步培育互联网产业平台，做强做优做大数字平台，推动产业数字化和数字技术向农村、实体经济融合。夏杰长、刘诚[27]从数字经济视角辨析共同富裕的实现路径，研究认为数字经济可以推动宏观经济一般性增长，促进区域产业分散化、城乡协调以及建设全国统一大市场，有利于均衡性增长，弥补公共服务短板、提升政府服务能力以及促使数字基础设施更充分和均衡，加快基本公共服务均等化。李勇坚[28]认为，数字经济在助力共同富裕方面有着巨大的潜力，通过数字技术与实体经济深度融合发展，推动国民经济总量持续增长，将有利于夯实共同富裕的基础；通过对数字权利的架构，完善数据要素的分配功能；数字经济通过降低创业创新的门槛，发挥普惠功能，将有利于促进共同富裕。因此，政府相关部门应出台相应的政策措施，将数字潜能更好地发挥出来，从而更高效地实现共同富裕。

随着数字技术向农业农村快速延伸和渗透，一些学者探讨了在这种契机下，数字经济如何驱动乡村振兴。学者们的研究发现，数字经济在助推农业产业发展，提高农业生产绩效方面具有重要作用。数字经济在乡村产业专业化、融合化、信息化、集约化、绿色化发展中发挥着关键性作用，能从效率提升、产业变革和结构优化等方面赋能乡村产业振兴[29]。数字经济与乡村产业的融合发展能够通过科技创新的技术协同作用，发挥信息技术创新中的乘数效应和溢出效应，获得更高质量的产出[30]。数字经济是乡村连接外部市场的桥梁，为提高农业生产效率提供了技术支持，并且激发了农村的创新活力[31]。数字经济通过创新农村经济发展模式，解决农村产业同构的副作用，助力产业兴旺，稳定农业生产，从而促进农村经济高质量发展[32]。

4．评述

总体来看，有关乡村振兴研究方面的文献快速增长，数字经济对共同富裕的众多研究对于理解与认识数字赋能农业农村发展政策演变与目标演进有着重要的意义。但已有研究存在两个问题：一是现有研究缺乏数字经济背景下对革命老区乡村振兴进行专门的研究。二是缺乏一个全面鲜活的数字乡村发展生动实践及其发展演进脉络。而且，新时代的乡村振兴战略与共同富裕的政策内涵高度统一，但在共同富裕目标下探讨数字乡村建设和革命老区乡村振兴的相关研究更是罕见。

（三）研究目标

本研究目标：在国家乡村振兴和数字经济大背景下，聚焦革命老区乡村振兴研究，结合研究人员多年从事革命老区扶贫与乡村振兴研究工作经验和拥有丰富的一手调研资料，分析革命老区实施乡村振兴中的困难，探寻数字经济加持下革命老区乡村振兴是否会产生"弯道超车"的可能。

具体目标：一是探索革命老区乡村产业振兴。产业振兴是本研究的重点，特别是多数革命老区地处山区，既有经济发展落后的劣势，也有生态环境保护较好的优势。在新技术革命的背景下，立足革命老区优势，探讨数字技术对革命老区产业振兴的影响，探求革命老区在产业振兴上的后发优势。二是研究革命老区人才振兴。人才振兴是老区振兴的基础，本研究结合相关调查，探讨人才振兴的机制和路径以及数字经济对人才振兴的影响。三是探究革命老区文化振兴。革命老区最大优势是具有大量的红色文化资源以及保护比较好的传统文化资源，本研究通过实地调查和二手资料整理，探索既能更好地保护相关文化遗址，又能推动相关红色文化、传统文化振兴和带动地方经济发展的发展路径以及数字技术对文化振兴的影响。四是探索革命老区生态振兴。立足革命老区原有的生态环境优势，研究探索如何通过有效开发旅游、生态环保产品等方式，推动产业与生态互动，带动革命老区乡村发展，还将探究数字经济对生态振兴的影响。五是研究革命老区组织振兴。具备先天优势的革命老区基层组织，对乡村组织振兴起到重要的推动作用，本研究通过调研以及相关资料的整理，总结出组织振兴的成功经验，探讨可复制的模式以及数字技术对组织振兴的影响。六是针对具体的革命老区区域开展乡村振兴研究工作。选取闽粤赣、陕甘宁、沂蒙、太行四个典型革命老区，深入研究革命老区乡村振兴研究。

（四）研究方法

本研究主要基于对"2021年度中央专项彩票公益金支持欠发达革命老区县乡村振兴示范区建设项目"所涉及的县、乡、村各级相关人员开展调查收集到的一手调查资料和相关二手资料，采取定性和定量研究相结合方法分析革命老区乡村振兴问题。定量调查采用问卷调查法，而定性调查采用访谈法和田野调查两种方法。

问卷调查法是结构化的调查设计，得到的数据主要是量化信息，且实施起来比较方便，节省时间和人力。但定量的方法在一些体现调查对象意图、动机和思维过程的问题上可能没有办法很好地体现出效果，且在填写问卷真实性上得不到保障。访谈法主要是面对面的语言交流，对访谈对象来说，不会像问卷调查那样有过多的限制或顾虑，可以更真实、自然地陈述自己的观点和看法。同时，由于访谈具有适当解说、引导和追问的机会，因此可探讨较为复杂的问题，获取新的、深层次的信息。另外，还可以观察被访者的动作、表情等非言语行为，可以更好地判断回答内容的真伪。田野观察法通过调查者亲临项目现场，通过看、听收集信息，收取到的信息的可靠性、真实性比较高。本次调查采用问卷调查、访谈和田野观察相结合的信息收集法，做到不同调查方法收集到的信息能够进行相互印证，确保调查信息客观、真实，能更全面地分析乡村振兴示范区建设中遇到的困境。

2021 年 10 月，中国农业大学等五所高校近 50 名师生分成 13 个调查小组分别前往全国 28 个省（自治区、直辖市）40 个项目县（区、市），共涉及 80 个乡镇和 421 个行政村开展实地调查工作。对示范区涉及的省、市、县、乡镇和村近千名人员开展了问卷调查和访谈，到示范区进行了现场考察，了解了示范区基本情况和建设中遇到的困难。

（五）研究思路和技术路线

本研究在综述革命老区发展、乡村振兴以及数字经济对共同富裕影响的文献基础上，基于对全国 40 个欠发达革命老区县乡村振兴示范区进行调查获得资料基础上，分析革命老区在土地、基础设施、产业振兴、人才振兴、文化振兴、生态振兴和组织振兴上存在的困难，探讨革命老区乡村振兴在数字技术加持下是否存在"后发优势"或"弯道超车"的可能，提出促进革命老区乡村振兴的政策建议。

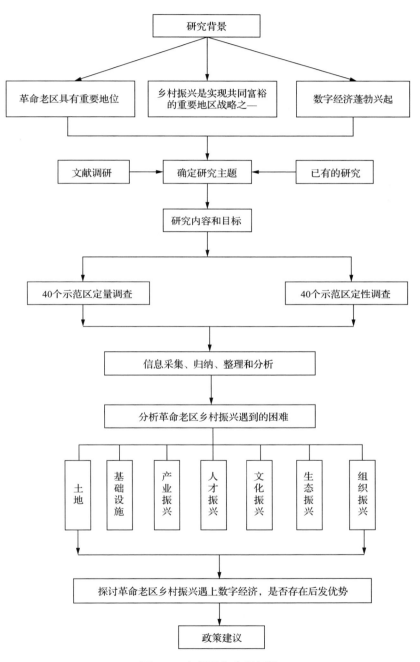

图 1.1 本书研究分析框架

二、革命老区概况

（一）革命老区的概念

"革命老区"是一个特定的政治历史概念，最早是毛泽东提出的。1948 年 2 月 6 日毛泽东在给李井泉和习仲勋并转刘少奇和薄一波的一封信中说："日本投降以前的老解放区，与日本投降以后至全国大反攻（去年九月）时两年内所占地方的半老解放区，与大反攻以后所占地方的新解放区，此三种地区情况不同，实行土地法的内容与步骤亦应有所不同。"毛泽东这里所说的"日本投降以前的老解放区"，是指在第二次国内革命战争（土地革命战争）时期和抗日战争时期共产党所领导的革命根据地。这里所说的"日本投降以后至全国大反攻（去年九月）时两年内所占地方的半老解放区"，是指从日本投降之后到 1947 年 9 月期间的共产党领导的解放区。现在，一般对上述三种情况的革命根据地和解放区统称为革命老区，简称"老区"。

经国务院批准，1979 年 6 月 24 日，民政部、财政部向各省、直辖市、自治区下发了《关于免征革命老根据地社队企业工商所得税问题的通知》（民发〔1979〕30 号、（79）财税 85 号），其中规定了革命老区认定的基本标准。

第二次国内革命战争根据地的划定标准：一是曾经有中国共产党的组织；二是有革命武装；三是发动了群众，进行了打土豪、分田地、分粮食牲畜等运动；四是建立了工农政权，并进行了武装斗争，坚持半年以上时间。抗日根据地的划定标准：一是曾经有中国共产党的组织；二是有革命武装；三是发动了群众，进行了减租减息运动；四是建立了抗日民主政权，并进行了武装斗争，坚持一年以上时间的。1980 年，又把在共产党领导下创立的游击区，也划定为革命老区。划定革命老区，以行政村为最小计算单位，在一个乡镇，达到半数以上老区村的，这个乡镇可认定为老区乡镇。

根据各省、自治区、直辖市 1995 年上报材料统计，全国有老区乡镇 18995 个，涉及 1389 个县（市、区、旗），其中 90% 以上的乡镇为老区的县（市、区、旗）有 409 个，50%～89% 的乡镇为老区的县（市、区、旗）有 486 个，10%～49% 的乡镇为老区的县（市、区、旗）有 419 个，9% 以下的乡镇为老区的县（市、区、旗）有 75 个。

（二）革命老区经济发展情况

1．地区生产总值

2013 年革命老区地区生产总值总数 21.27 万亿元，其中第一产业增加值 2.86 万亿元，占生产总值 13.47%，第二产业增加值 11.17 万亿元，占生产总值 52.53%；2014 年地区生产总值总数 23.28 万亿元，其中第一产业增加值 3.06 万亿元，占生产总值 13.17%，第二产业增加值 11.89 万亿元，占生产总值 51.12%%；2015 年地区生产总值总数 24.98 万亿元，其中第一产业增加值 3.28 万亿元，占生产总值 13.14%，第二产业增加值 12.28 万亿元，占生产总值 49.17%；2016 年地区生产总值总数 27.31 万亿元，其中第一产业增加值 3.49 万亿元，占生产总值 12.79%，第二产业增加值 13.06 万亿元，占生产总值 47.82%；2017 年地区生产总值总数 30.23 万亿元，其中第一产业增加值 3.48 万亿元，占生产总值 11.51%，第二产业增加值 14.40 万亿元，占生产总值 47.63%；2018 年地区生产总值总数 32.73 万亿元，其中第一产业增加值 3.61 万亿元，占生产总值 11.04%，第二产业增加值 15.19 万亿元，占生产总值 46.41%；2019 年地区生产总值总数 33.85 万亿元，其中第一产业增加值 4.02 万亿元，占生产总值 11.88%，第二产业增加值 14.66 万亿元，占生产总值 43.33%；2020 年地区生产总值总数 35.13 万亿元，其中第一产业增加值 4.42 万亿元，占生产总值 12.60%，第二产业增加值 14.70 万亿元，占生产总值 41.84%。

地区生产总值逐年增加，第一产业增加值均随之增加，2013—2018 年第二产业增加值升高，2018 年后逐渐保持稳定；第一产业增加值占生产总值比例基本不变，而第二产业增加值占生产总值比例呈缓慢下降趋势。

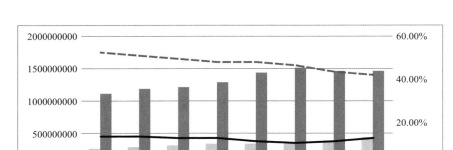

图 1.2　第一产业与第二产业增加值

数据来源：根据《中国县域统计年鉴》整理。

2. 一般公共预算

2012 年，革命老区一般公共预算收入总数为 1.14 万亿元，一般公共预算支出总数为 2.59 万亿元；2013 年一般公共预算收入 1.42 万亿元，一般公共预算支出 2.94 万亿元；2014 年一般公共预算收入 1.58 万亿元，一般公共预算支出 3.25 万亿元；2015 年一般公共预算收入 1.75 万亿元，一般公共预算支出 3.90 万亿元；2016 年一般公共预算收入 1.88 万亿元，一般公共预算支出 4.29 万亿元；2017 年一般公共预算收入 2.02 万亿元，一般公共预算支出 4.74 万亿元；2018 年一般公共预算收入 2.27 万亿元，一般公共预算支出 5.24 万亿元；2019 年一般公共预算收入 2.36 万亿元，一般公共预算支出 5.82 万亿元；2020 年一般公共预算收入 2.24 万亿元，一般公共预算支出 6.12 万亿元。

一般公共预算收入及支出，是对以税收为主体的财政收入，安排用于保障和改善民生、推动经济社会发展、维护国家安全、维持国家机构正常运转等方面的收支预算，一般公共预算收支的关系反映一国在公共基础建设的能力与水平。随着革命老区经济向好向善发展，一般公共预算收入保持逐年稳定增加，同时一般公共预算支出则比一般公共预算收入更快速度、更大幅度地增加，代表着革命老区财政实力正逐渐变强，资源配置的经济效率提高，向着经济稳定发展目标靠近。

图 1.3　一般公共预算收入与支出

数据来源：根据《中国县域统计年鉴》整理。

3. 革命老区居民储蓄存款与年末金融机构各项贷款余额

2012 年革命老区居民储蓄存款余额总数为 1.05 万亿元，年末金融机构各项贷款余额总数为 1.01 万亿元；2013 年居民储蓄存款余额 1.22 万亿元，年末金融机构各项贷款余额 1.19 万亿元；2014 年居民储蓄存款余额 1.36 万亿元，年末金融机构各项贷款余额 1.37 万亿元；2015 年居民储蓄存款余额 1.56 万亿元，年末金融机构各项贷款余额 1.57 万亿元；2016 年居民储蓄存款余额 1.81 万亿元，年末金融机构各项贷款余额 1.79 万亿元；2017 年居民储蓄存款余额 2.02 万亿元，年末金融机构各项贷款余额 2.13 万亿元；2018 年居民储蓄存款余额 2.28 万亿元，年末金融机构各项贷款余额 2.42 万亿元；2019 年居民储蓄存款余额 2.59 万亿元，年末金融机构各项贷款余额 2.73 万

亿元；2020 年居民储蓄存款余额 2.95 万亿元，年末金融机构各项贷款余额
3.21 万亿元。

近十年来，老区居民储蓄存款余额总体稳定增加的同时，年末金融机构各项贷款余额也呈现出逐年线性增长的态势，正代表着老区居民收入不断增加，老区居民消费水平及生活水平都在不断提高，革命老区总体经济实力不断增强，经济发展状况总体稳定积极，正焕发新的生机。

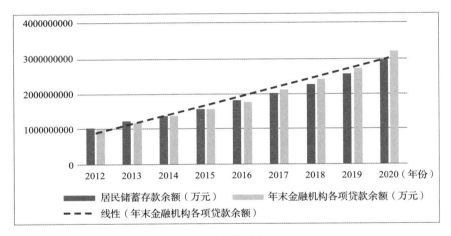

图 1.4　存贷款余额

数据来源：根据《中国县域统计年鉴》整理。

4．革命老区第二、三产业从业人员数量

在 2013—2019 年间，我国所有革命老区的第二、三产业从业人员数量总体呈上升趋势，第二产业从业人员总体增加一千万人以上，第三产业从业人员总体增加两千万人以上，第三产业从业人员增速较第二产业快。由此可以看出，我国革命老区的制造业和服务业有了较大发展，第二、三产业从业人员占比从 2013 年的 27.80% 增加到最高的 32.40%。在此之前，革命老区人数最多的是农民，其次是工业产业工人，几乎没有第三产业从业人员，而在 2019 年，第三产业的就业人口就已达到了 1.07 亿人。但在 2017 年之后，

革命老区第二、三产业从业人员均有下降。结合户籍总人口逐年上升这一特征分析，第二产业从业人员下降幅度加大的原因是全国性的，例如，时代在发展，有了更多就业选择，相较于第二产业更具优势；生产率提升，规模化生产日益普及，工业机器人应用，从业者需求数量减少；产能过剩明显等。总体而言，反映了我国革命老区工业的发展，满足了人们的物质生活需求，同时人们精神层面的需求，如文化、教育、娱乐等也逐渐扩大，吸引了更多第三产业从业者。

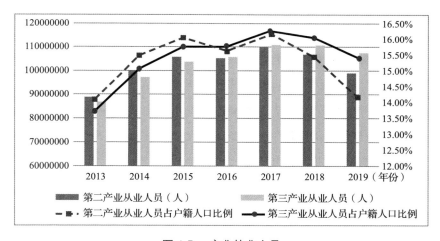

图 1.5　产业从业人员

数据来源：根据《中国县域统计年鉴》整理。

5. 革命老区粮食、油料、肉类产量

2012—2016 年五年间，我国革命老区的粮食、油料、肉类产量整体呈增长趋势，第二、三产业快速发展的同时，第一产业同步跟进，粮食产量从 2.55 亿吨增长到 3.15 亿吨，肉类产量从 4946 万吨增长到 5234 万吨，油料产量从 1877 万吨增长到 2103 万吨，说明我国革命老区的农业生产水平有了稳步提升。其中肉类产量虽然增加，但占比减少，反映了革命老区养殖业畜牧业发展增速相比于其他产业较缓。2012—2020 年九年间，革命老区的棉

花产量逐年下降，从 2669850 吨减少至 689231 吨，降幅达 74%，这跟革命老区的产业结构调整和第一产业规划的变动有关；期间油料产量波动增长，占比也整体增长。革命老区在抓产量的同时，也严控质量，保证稳步增长的同时，深化供给侧结构性改革和新发展理念。

6．革命老区规模以上工业总产值与企业单位数

2012—2020 年九年间，我国革命老区规模以上工业企业单位数总体呈增长态势，从 146655 个增长到 185803 个，涨幅超 26.69%，其中 2012—2015 年规模以上工业企业单位数快速增加，2016 年和 2017 年增速放缓，2018 年和 2019 年出现小幅度减少，这与淘汰落后产能等政策有关，随后 2020 年快速增加，超过 2017 年下降拐点的数量。2012—2016 年五年间，革命老区规模以上工业总产值快速增长，五年总增幅达 49%。工业增加值是工业企业生产过程中新增加的价值，与各部门增加值共同构成地区／国内生产总值（GDP）。规模以上工业总产值的增长有利于提高我国革命老区的 GDP，促进革命老区的经济发展规模和质量，为革命老区注入新的生机和力量。

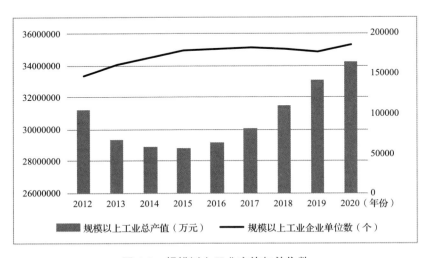

图 1.6　规模以上工业产值与单位数

数据来源：根据《中国县域统计年鉴》整理。

（三）革命老区社会发展情况

1．教育情况

2012—2020 年九年间，我国革命老区普通中学在校学生数先减后增，整体增加。在 2012 年至 2015 年间呈下降趋势，从 3124.2 万人降至 2887.1 万人，降幅近 7.6%，自 2016 年起人数逐年增加，2020 年较 2015 年增幅超 28.86%，较 2012 年增幅超 9.84%。革命老区普通中学在校学生数反映了这些地区近十年来教育水平的提高：一方面，革命老区落实教育设施的建设，如中学数量、教育教学环境、教学设施等；另一方面，革命老区人才建设成果显著，既及时减少了学生外地求学的趋势，也加强了师资力量建设。反过来看，在校学生也为当地经济的发展提供人才和智力支持。除此之外，经济的繁荣、社会的稳定是各级教育不断发展的基础，因此普通在校学生数在十年间的增长也说明，我国革命老区的经济建设和社会建设都取得了显著的成果，使其能支撑教育向前发展。

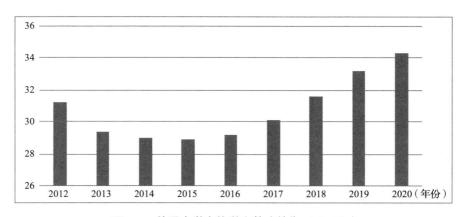

图 1.7　普通中学在校学生数（单位：百万人）

数据来源：根据《中国县域统计年鉴》整理。

2．医疗卫生

2013—2020 年间，我国革命老区的医疗卫生机构床位数迅速增加，从

2013 年的 193.95 万床增至 2020 年的 326.20 万床，增幅为 68.19%，平均每年增加近 19 万床医疗卫生机构床位，说明我国革命老区的卫生健康资产规模增长迅速，有利于持续推进革命老区的基本公共服务均等化，与人民群众生活息息相关的教育、医疗卫生、文化和科技行业资产实现较快增长，有力地促进了各项事业的发展。从图 1.8 中的趋势线与柱状图可以看出，革命老区近十年的医疗卫生机构的床位数保持较稳定的增速增长，持续增加，反映了革命老区近十年社会福利和医疗卫生基础设施建设的进步。

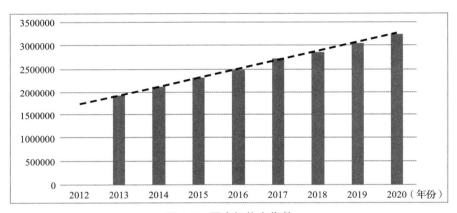

图 1.8　医疗机构床位数

数据来源：根据《中国县域统计年鉴》整理。

3. 社会福利

2012—2020 年，我国革命老区的各种社会福利收养性单位数和各种社会福利收养性单位床位数都呈上升趋势：社会福利收养性单位数从 2012 年的 19785 个增至 2020 年的 27467 个，增幅达 38.83%；社会福利收养性单位床位数从 2012 年的 1641029 床增至 2020 年的 2520010 床，增幅达 53.56%，社会福利收养性单位床位数的增速远超其单位数量的增速，因此每个社会福利收养性单位的平均拥有床位数增加，从 2012 年的每单位平均 82.94 床增至 2020 年的每单位平均 91.75 床，平均每个社会福利收养性单位床位数增加 9 床至 10 床。单位数和床位数在 2017—2018 年之间均有不同幅度下降，而后又快速增加，超过 2017 年的起点数量。社会福利收养性单位数在 2013—2014 年以及 2018—2019 年两段时间内增速最快，床位数在 2012—2014 年增速最快。这两类指标的增加，有利于解决革命老区的"一床难求"和"一老一小"等民生问题，增加养老育幼服务能力，提升养老育幼服务质量，优化养老育幼服务供给结构。

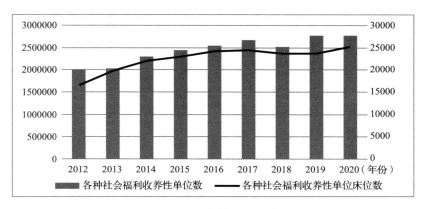

图 1.9　社会福利机构数

数据来源：根据《中国县域统计年鉴》整理。

三、革命老区乡村振兴中遇到的困难：以 40 个示范区为例

（一）示范区建设背景

2020 年，国家打赢脱贫攻坚战后，党的"三农"工作重心逐渐转入到乡村振兴。为了贯彻落实中央关于加快革命老区振兴发展和全面推进乡村振兴的有关精神，2021 年，国家乡村振兴局和财政部使用中央专项彩票公益金 20 亿元在全国 28 个省（自治区、直辖市）40 个欠发达革命老区县（市、区）开

展乡村振兴示范区项目建设工作。试点项目旨在通过在欠发达革命老区开展乡村振兴示范区建设，在产业发展、人才支撑、生态保护、文化繁荣、组织建设方面取得示范性成效，探索革命老区乡村振兴全面推进的有效机制，提升老区群众的获得感、幸福感和安全感，传承红色基因，形成各具特色的乡村振兴模式和经验，为推动革命老区振兴发展和实现共同富裕提供有益借鉴。

表1.1　乡村振兴示范区分布

所在市	具体县（市、区）
北京市	房山区
天津市	蓟州区
河北省	阜平县、丰宁县
山西省	五台县、武乡县
内蒙古自治区	宁城县
辽宁省	建昌县
吉林省	靖宇县
黑龙江省	饶河县
上海市	崇明区
江苏省	灌云县、淮阴区
浙江省	永嘉县、遂昌县
安徽省	灵璧县、潜山市
福建省	建宁县
江西省	资溪县、井冈山市
山东省	沂源县、费县
河南省	洛宁县、新县
湖北省	团风县、恩施市
湖南省	溆浦县、汝城县
广东省	龙川县、陆丰市、田林县、东兰县
海南省	文昌市
重庆市	酉阳县
四川省	苍溪县

所在市	具体县（市、区）
贵州省	湄潭县
云南省	镇雄县
陕西省	耀州区
宁夏回族自治区	盐池县
甘肃省	庆阳市

（二）示范区基本情况

2021 年中央专项彩票公益金支持建设的乡村振兴示范区分布在全国 28 个省（自治区、直辖市）40 个项目县（区、市），共涉及 80 个乡镇和 421 个行政村。从分布区域看，40 个示范区中有 13 个位于东部地区，占比为 32.5%；17 个位于中部地区，占比为 42.5%；10 个位于西部地区，占比为 25%。从区域面积来看，40 个县（区、市）的平均面积约为 2798 平方千米。从常住人口数来看，截至 2020 年 11 月 1 日 0 时，40 个县（区、市）常住人口数平均为 48 万。常住人口数超过 50 万的有 16 个县（区、市），超过 100 万的有 3 个县（区、市），低于 50 万的有 24 个县（区、市）。从地区生产总值来看，2020 年，示范区所在 40 个县（区、市）的平均地区生产总值约为 204 亿元。地区生产总值超过 100 亿元的有 28 个县（区、市），低于 100 亿元的有 12 个县（区、市）。地区生产总值超过 200 亿元的有 16 个县（区、市），超过 300 亿元的有 8 个县（区、市），超过 400 亿元的有 5 个县（区、市），超过 500 亿元的有 2 个县（区、市）。

40 个示范区涵盖了 80 个乡镇。80 个乡镇的平均行政面积约为 250 平方公里，平均所辖的行政村个数为 15 个，平均每个村约有 7 个建档立卡贫困村。属于山区的最多，为 58%；属于丘陵的为 25%；属于平原的仅为 16%，远远低于山区乡镇的数量。80 个乡镇平均耕地面积 56337 亩，平均高标准农田面积为 13608 亩，平均耕地流转率为 25%，平均流转租金为 524

元/亩。80个乡镇平均人口户数约为10050户，平均户籍人口数为33392人，平均建档立卡贫困户有1584户，平均建档立卡贫困户人数5202人，平均农村低保户户数881户，人数为1579人。80个乡镇2020年的平均农村人均可支配收入约为14087元。其中，位于山区的乡镇农村人均可支配收入约为12666元，位于丘陵的乡镇农村人均可支配收入约14171，位于平原的乡镇农村人均可支配收入约为19164元。

40个示范区覆盖的421个村庄的平均行政区域面积约为15平方公里。有190个村位于东部，110个村位于中部，121个村位于西部。约44.4%的村庄是乡村振兴样板村，约53%的村庄原来是建档立卡贫困村，约30%的村庄2000年以来合并过。421个村庄中为山区地貌的最多，有235个，占比约为55.82%；其次是丘陵，占比约22.57%；平原占比约为19.71%；另有2个村庄为高原，占比约为0.48%。421个村庄的2020年平均农民人均可支配收入为13288元。421个村庄中，有274个村庄有特色产业，占比约为65%。特色产业主要为种植业、乡村休闲旅游业以及养殖业。421个村庄中97.6%的通村公路全部硬化或大部分硬化，95%的村庄通组路全部硬化或大部分硬化。421个村庄平均每个村庄需要新修生产路10公里，需要提升改造生产路7.7公里。76%的村庄村内主要道路/路口有路灯，90%的村庄表示需要新建或者改善水利设施，82%的村庄拥有动力电。

（三）乡村振兴示范区建设中遇到的困难

1. 土地政策成为影响革命老区乡村振兴示范区建设的"卡脖子"问题

对40个示范区进行实地考察基础上，通过与近千名省、市、县、乡镇、村干部的座谈，调查组了解了示范区建设情况。调查发现，当下一些土地政策深刻制约着资金、人才、技术、信息等要素向革命老区乡村聚集，成为影响示范区建设和革命老区乡村振兴战略实施的"卡脖子"问题。当下一些土地政策深刻制约着资金、人才、技术、信息等要素向革命老区乡村聚集，成为影响示范区建设和革命老区乡村振兴战略实施的"卡脖子"问题。第一，"建设用地机动指标"与"永久基本农田指标"的冲突。自然资源部于 2019 年印发的《关于加强村庄规划促进乡村振兴的通知》中明确各地可在乡镇国土空间规划和村庄规划中预留不超过 5% 的建设用地机动指标，但之前实施永久基本农田保护政策在划定过程中"宽城紧乡"的编制办法为预留"建设用地机动指标"设置了难以突破的限制。目前绝大部分乡村土地都已被划定为永久基本农田，"建设用地机动指标"难以保障革命老区乡村振兴战略顺利实施。第二，"盘活存量"与"增减挂钩"的冲突。原则上乡村可以通过土地整治来盘活存量建设用地以解决自身建设用地不足问题，但城乡建设用地"增减挂钩"政策为城市建设挤占农村盘活出来的建设用地提供了重要契机。由县政府统筹建设用地计划配置情况下，乡村很难留住"盘活指标"，县政府通过"增减挂钩"政策拿走"盘活存量"指标，革命老区乡村建设用地指标受到挤压。第三，土地产权残缺与人才、资金"下乡"的冲突。农村宅基地具有不完整的"用益物权"和"担保物权"，宅基地转让和出租范围局限于集体成员内部，还被排除在充当担保物之外。残缺的土地产权，一方面限制了革命老区乡村振兴人才流入，另一方面限制了革命老区乡村融资能力以及吸引外来资本的能力。

2．基础设施难以满足革命老区乡村振兴示范区建设需要

经过脱贫攻坚时期对乡村基础设施采取"补短板"的政策，欠发达革命老区乡村生活类基础设施条件得到了明显改善，但存在已建成生活类基础设施质量有待提高、管护机制不健全等问题；生产类基础设施和农业新基建依然存在短板。这些问题的存在，影响了革命老区示范区建设工作。第一，通过脱贫攻坚战略实施，欠发达革命老区乡村生活类基础设施条件明显改善。分别有 98.5%、91.9% 和 77.6% 的项目村通村路全部硬化或大部分硬化、通组路全部硬化或大部分硬化、入户路全部硬化或大部分硬化。项目镇平均

79.6%的行政村通村路全部硬化。71.7%的项目村集中供水农户比例达到了80%以上。所有项目覆盖区的农户都使用了照明电。但已建成生活类基础设施存在质量有待提升和"重建设轻管护"问题。25.1%的项目村通村路路宽在3.5米及以下，29%的项目村通村路存在安全隐患，且基本上都没有安装安全设施。65.4%的项目村通组路路面有破损现象，有些项目村灌溉水渠破损严重。第二，乡村生产类基础设施和农业新基建存在短板，将严重影响欠发达革命老区实施乡村振兴战略。问卷调查显示，分别有87.7%和78.5%的项目村认为需要新建生产路和改造生产路；90.5%的项目村认为还需要新建或改造水利设施；项目村高标准农田占耕地总面积比例只有33.1%；83%的项目村没有通动力电。利用互联网、物联网、区块链、人工智能、5G、大数据等新一代信息技术发展智慧农业、数字农业方面，多数项目县、项目镇和项目村基本处于零星分布甚至空白状态。问卷调查显示，近70%的项目村没有5G信号。第三，欠发达革命老区县自主财力薄弱，难以承担满足乡村振兴基础设施建设所需投入的资金。山西省五台县每年有2亿多元的公共财政收入，仅该县蒋坊乡就需要在新建或提升生产路、水利灌溉设施上投入1525万元。陕西省耀州区公共财政收入每年4亿多元，在满足乡村振兴需求的基础设施和人居环境上需要投入50多亿元。欠发达革命老区县紧靠自身财力难以承担满足乡村振兴基础设施建设所需投入的资金。

3．产业振兴难

第一，大多数示范区以传统种、养殖业为特色产业，产业结构单一，结构有待优化。示范区内培育特色产业的村庄共278个，占比65.94%。特色产业涵盖种植养殖、休闲旅游、农产品加工、林果业等。调查数据显示，206个村庄以种植业为特色产业，116个村庄以养殖业为特色产业，种、养殖业占比为53.9%，是示范区最主要的特色产业；83个村庄以乡村休闲、旅游为特色产业，占比13.9%；32个村庄农产品加工为特色产业，占比5.4%。第二，特色产业价值链短，以初加工为主。贵州湄潭县为增加红柚产业的附加值，拓展加工产品，投资 300 余万元建设冻库一个，正在拟建红柚分拣包装厂一家，探索引进开发柚子茶、柚子饮料等深加工企业。但是，目前农产品价值链延伸主要表现为农产品的初级加工方面，精深加工发展不足。如将水稻加工成大米、竹笋杀青、水果分类包装等，而功能食品、休闲食品等精深加工发展不足。第三，龙头企业、合作社等新型农业经营主体是特色产业发展的重要主体，但利益联结机制不紧密。示范区特色产业发展带动主体中，龙头企业和合作社占比 58.35%；龙头企业、合作社等新型经营主体提高了示范区农业特色产业发展的组织化、标准化水平，有效促进了小农户与农业现代化有机衔接。据统计，有 146 个村庄能够得到新型经营主体在销售产品方面的帮助，有 131 个村庄能够得到在经验、技术指导方面的帮助，有 101 个村庄能够得到在组织生产方面的帮助；但是，新型经营主体与农户之间持续、稳定的合作关系尚未建立起来。调研数据显示，合作社与农户之间的利益联结方式以获得土地租金、务工收入为主，分别占比 36.19%、29.85%；而最能体现合作社与农户利益联结紧密程度的分红、二次返利两种分配方式分别占比 16%、3.73%。第四，人才短缺突出，制约特色产业发展。一方面，本地人才流失严重。城镇化进程加快和城乡差距扩大，城市吸引大量的农村青壮年劳动力进城务工，优秀人才外流，留在村里的人年龄偏大、学历偏低、劳动技能差，缺乏推进乡村产业发展的技术和能力。另一方面，高端人才招引较难。受地域限制及企业产业链供应链现代化水平不高、创新动力不足的影响，高端人才在发展前景、社会服务保障等方面受局限，多流向沿海发达城市，示范区特色产业发展缺乏带头人。调查数据显示，示范区常住劳动人口技术技能及受教育程度（中位数）如下：中级及以上职称占比 5%，接受过职业教育和技术培训的占比 10%，获得新型职业农民、高素质农民证书的占比 1%，高中及以上文化程度占比 15.5%。

4．人才振兴难

第一，人口外流现象突出，人口结构不合理。革命老区示范区人口，尤其是青壮年劳动力大量流动到城市，近10%的村庄常住人口不足户籍人口的1/3，人口流失较为严重。留守人口大多数是老人、妇女、儿童及乡村"剩男"，年龄结构、性别结构失衡，近70%的示范区村庄"老龄化"程度超过全国水平；几乎村村都有大龄剩男，有的人口大村甚至有上百个"光棍"。第二，劳动力受教育水平和技能水平低。示范区劳动力同时面临"质"和"量"的双重问题，不仅数量少，而且质量低。相比全国农村劳动力，革命老区劳动力中高中及以上教育程度、拥有中级及以上职称、接受过职业教育或技术培训、获得新型职业农民或高素质农民证书的占比都更低，劳动力的素质和能力明显不强。第三，乡村振兴所需的各类人才匮乏。示范区普遍缺乏乡村治理、农业科技、经营管理、公共服务等各类乡村振兴人才，并成为乡村全面振兴的制约因素。示范区乡村治理人才能力不强，大部分村支两委的村干部平均年龄偏大、学历偏低，年轻后备干部偏少，知识结构不合理、经营管理能力和发展思路不强。示范区各类产业、科技人才数量严重不足。例如，浙江省永嘉县示范区"千年古城"复兴、杭温高铁建设等重点工程十分缺乏规划设计、项目运营等方面的专业人才；吉林省靖宇县和广西壮族自治区东兰县示范区旅游业经营管理人才匮乏；云南省镇雄县示范区竹笋产业发展所需的竹笋种植、采摘以及病虫防治的技术人才不足；多个示范区都反映乡村文艺人才队伍建设滞后。第四，返乡、外来人才层次不高、成效不足。虽然示范区通过各种方式引导、鼓励外出务工人员和乡村贤能回乡发展，农民返乡就业创业已有一定的发展趋势，但示范区内现有返乡就业创业和乡贤返乡对本地的经济发展带动力不强，占到多数的返乡回流人员一半以上是因为疫情被迫返乡而非本地新增就业吸引，返乡就业也多以务农为主，高质量创业创新人才数量少、成效小，并未形成大规模发展态势。第五，对乡村人才振兴重视不够、投入不多。多数示范区已经面临人才制约发展的困境，也意识到人才振兴的重要性，但较少示范区在项目筹划期就将人才作为重要的、必要的要素之一纳入统筹规划范围，对人才要素的重视程度还远不及其他物质要素，对人才发展规律认识不足，对人才建设工作投入不多，积累的人才振兴经验也不足。

5. 文化振兴难

调查发现，当下革命老区传统红色基因、繁荣乡村文化面临着诸多挑战，文化振兴工作任重而道远。第一，主流文化宣传教育工作缺乏红色元素。社会主义核心价值体系的宣传教育工作开展较好，各项目村均通过宣传栏、文化墙等媒介开展社会主义核心价值观、中国特色社会主义道路和中国梦等宣传工作。但是，不同地区的宣传内容同质性较高，红色元素较为缺乏。第二，红色文化资源发掘不充分，文化与产业结合存在障碍。调查发现，只有10.7%的村庄拥有可开发的红色资源，而依托红色资源发展文化产业的比例仅为7.2%。针对文化产业调研也发现，文化产业发展面临着资金短缺、人才短板、市场难以开拓和传统文化后继无人等方面的挑战。第三，传统陋习依然存在，移风易俗任重而道远。调查发现，高额彩礼、红白喜事大操大办为代表的传统陋习依然存在于革命老区，东北地区项目村庄平均彩礼金额高于人均收入6倍。丧葬陋习的引导工作开展不足，不到四分之一的项目村庄规划了公益性墓地。第四，公共文化供给侧质量不高，存在"重建设、轻管护"的问题。虽然乡村图书室基本实现了全覆盖，但和城市地区相比较仍然存在图书服务质量和使用率较低的问题；在健身场所方面，超过50%的项目村庄存在设备数量短缺、种类较少的情况，超过15%的村庄存在设备严重破损的情况；配备戏曲舞台的村庄不足45%。电影下乡等公共文化服务的群众参与度较低（平均观影人数不到常住人口的3.5%），在一定程度上反映了公共文化服务的供给与群众需求出现了偏差。

6. 生态振兴难

调查发现示范区内乃至整个欠发达革命老区生态振兴面临如下问题：生活污染成为影响生态振兴最主要问题；污水处理问题突出；垃圾分类工作推进难；"厕所革命"需加强。第一，农村生活污染已成为影响生态振兴最主要问题。对本村生态振兴面临最主要问题，60%左右的项目村认为是农村生活污染，12.4%的项目村认为是农业生产污染，1.9%的项目村认为在于工业污染，7.6%的项目村认为在于其他原因，其余村庄认为是多种原因造成的。填写农村生活污染来源问题项目村中，55%认为来源是污水和生活垃圾。第二，生活污水处理问题，尤其在西部地区更为突出。44.41%的项目村生活污水没有经过任何处理直接排放。其中，东中部地区在40%左右，西部地区接近58%。第三，垃圾分类工作需进一步推进。90.26%的项目村实现了垃圾的集中堆放，基本建立了"村收集、乡转运、县处理"的垃圾处理体系。但52.26%的项目村没能有效开展垃圾分类工作，主要原因在于没有开展垃圾分类制度或农户不知道如何分类。东、中、西部项目村没能有效开展垃圾分类工作的比例分别为36%、44%、58%。第四，"厕所革命"需加强，低收入地区是重点。所有项目村水冲厕所比例约为59%。其中，浙江项目村平均比例为98.25%；京津沪项目村平均比例为95.30%；其他省份项目村平均比例为55.19%。特别是，辽宁、吉林、山西三省项目村人均收入较低，比例皆在10%以下。

7. 组织振兴难

调查发现，基层党组织力量薄弱，乡村财力薄弱是制约革命老区乡村振兴的重要因素。第一，基层党组织的综合素质、组织能力与乡村振兴工作需要不匹配。40个示范区421个项目村中，50岁以上党员数量占比高达61%，拥有高中以下文化程度的党员占比高达61%，平均每村每年新入党党员人数不足2人。党支部书记平均年龄48.18岁，平均受教育程度12.99年，村委会主任平均年龄47.87岁，平均受教育程度12.80年。有大学生村官的项目村占比仅21%，没有第一书记的项目村占比27%。党员队伍、村庄主要干部年龄老化和文化程度偏低，基层组织缺乏强外力注入，使项目村基层组织工作缺乏生机和活力，难以满足乡村振兴所需的人才支撑。第二，乡村自主支配财力难以满足乡村全面发展需要。根据40个示范区80个乡镇 421 个项目村的调查数据显示：（1）2020 年示范区乡镇平均财政总收入为 9413.16 万元，其中上级转移支付为 6721.74 万元，乡镇本级财政收入仅为 2725.49 万元，乡镇本级财政收入仅占乡镇财政总收入的 28.95%。示范区乡镇本级平均负债约为 230 万元。（2）项目村财务收入主要依靠上级补助，村级平均财务总收入为 1093.35 万元，其中上级转移支付 851.18 万元，村级自主收入仅为 11.33 万元，自主性收入仅占村级总收入的 1%。近一半的行政村集体经济收入在 10 万元以下，村财务平均负债达 76.4 万元。

四、数字经济与革命老区乡村振兴的"后发优势"：以短视频、直播为例

由于革命老区地处偏远，在乡村振兴上，遇到了诸多困难。然而，在数字经济加持下，革命老区立足红色优势、生态优势和传统文化保持比较好的优势，乡村振兴可能存在"后发优势"，实现"弯道超车"。

（一）数字经济为革命老区乡村振兴实现"弯道超车"提供了可能

以万物互联、大数据、区块链、人工智能等技术应用为代表的数字经济 2.0 时代正深刻影响着人类的生产、流通、消费乃至生存空间，在不断重塑着全球生产、投资、贸易、生活等社会经济网络空间格局的同时，也深刻地变革着生产组织方式。平台经济正在成为数字经济 2.0 时代主导性的生产组织形式，其共有特征是生产、流通、交易和消费的过程往往基于一个共有平台，平台不仅通过代码、文字、图片和视频等电子化方式实现了海量供需信息，而且具备链接海量经济主体的功能，平台组织在网络销售、生活服务、社交娱乐、信息资讯、金融服务和计算应用诸多领域中正在得到广泛的应用。

作为当前迅猛发展的平台组织类型之一，短视频与直播等新的数字化平台虽然具有同样所有平台的基本特征，比如都是多方信息交汇重要载体，

不同主体通过数据汇聚、存储与分析形成连接，但视频符号相较于文字、图片不同，具有独有的特征。第一，生产成本低，资格用户更广；第二，传播速度快，社交属性更强，为经济主体间的信息交流、交易达成提供基础；第三，动态性和流动性更高。长期以来，农产品的季节性、时效性、区域性，以及农产品信息流动的滞后性始终是制约农村农业发展的一大瓶颈。短视频和直播平台助力农业农村发展，通过发挥"看得见"的优势，拉近了消费者与农产品生产地的距离，连接了乡村资源和城市市场，突破了经济活动的空间限制，并实现了跨时空的信息匹配，解决了农产品销售中的信息滞后和信息不对称问题，从而大大降低了信息获取和市场交易成本，为藏在深山无人知、缺乏畅通渠道的欠发达地区农产品打通了销路。

长期以来，党中央、国务院高度重视革命老区发展。尤其自党的十八大以来，国家举全国之力打赢脱贫攻坚战，革命老区的物流和互联网等基础设施不断完善，电商服务站、网络基础设施已经成为"标配"，为革命老区农村农业发展创造了极为有利的条件。2010 年以来，研究团队对数十个贫困革命老区县（见图 1.11）和上百个老区村庄进行调查发现，革命老区乡村有经济社会发展比较落后的一面，但也存在红色资源多、国家政策支持力度大、生态环境和传统文化保护好等方面的优势。在以短视频和直播等新技术手段的加持下，立足革命老区资源禀赋优势，可能激发出革命老区乡村振兴的后发优势。

表1.2　研究团队调查过的贫困革命老区县

所在市	具体县（市、区）
北京市	房山区周口店
天津市	蓟州区下营镇
河北省	阳原县、赤城县、赞皇县
山西省	方山县、娄烦县、五台县、壶关县、左权县
内蒙古自治区	宁城县
辽宁省	建昌县

所在市	具体县（市、区）
吉林省	汪清县、龙井市
黑龙江	同江市、饶河县
上海市	崇明区
江苏省	灌云县、淮阴区
浙江省	永嘉县、遂昌县
安徽省	灵璧县、潜山市
福建省	政和县、松溪县、顺昌县、建宁县、连城县
江西省	资溪县、井冈山市
山东省	费县、莒县、临朐县
河南省	范县、确山县
湖北省	利川市
湖南省	邵阳县、永顺县、保靖县、龙山县
广东省	南雄市、连平县、饶平县、五华县
海南省	临高县
重庆市	石柱县、彭水县、黔江区、西阳县
四川省	宣汉县、平昌县、通江县、剑阁县、马尔康市、古蔺县
贵州省	威宁县、纳雍县、黔西县、习水县、印江县、德江县、沿河县
云南省	彝良县、富宁县、广南县
陕西省	耀州区、南郑区、商南县、宜川县
甘肃省	环县、正宁县
广西壮族自治区	凤山县、都安瑶族自治县、融水县、罗城仫佬族自治县、龙胜各族自治县、金秀瑶族自治县、凌云县

农产品是有生命力的，有异质性的。吃西红柿一定是小时候自己家种的西红柿最好吃，但它的个头一定是不一样的，颜色程度也是不同的。农产品具有地域性特点，特定地域的土壤、水、气候生产出特有的农产品。短视频和直播新技术结合革命老区农业，将可能在一定程度上摆脱当下农业必须因循工业化思维诸如农业要规模化、标准化才能成功的思维定式。解决温饱

问题后，人民越来越重视健康营养的食品，短视频和直播新技术可以通过发挥"看得见"的优势，把特定革命老区地区具有生态、环境好能够生产出健康、营养农产品的特点向城市消费者展示出来，进而帮助革命老区发展出一些具有高附加值的小众农业，从而帮助老区群众快速增加收入，为实现共同富裕打下基础。

习近平总书记指出，依托丰富的红色文化资源和绿色生态资源发展乡村旅游，搞活了农村经济，是振兴乡村的好做法。结合党史学习教育，通过"短视频＋直播"模式展示宣传革命老区拥有丰富的红色资源和绿色生态资源，有助于革命老区进一步做强做大"红色＋乡村旅游"发展模式，实现红色和绿色有机融合。2022年4月，到北京市门头沟区妙峰山镇调研发现，该镇结合党史学习教育，将红色资源挖掘与乡村旅游有机结合，与直播公司合作通过短视频、直播方式，打造和推广妙峰山镇域品牌，吸引了众多市民到妙峰山镇参观学习，传承了红色文化，振兴了生态，富裕了当地村民，壮大了村庄集体经济。

很多革命老区拥有美丽如画的风景、世人惊叹的"非遗"手艺，但因为环境封闭、信息壁垒、资源利用能力缺乏等短板，特有文化资源与禀赋无法融入市场网络体系。通过发挥短视频和直播新技术"看得见"的优势，能够使得城市居民更好地了解革命老区乡村文化，进而推动革命老区乡村文化振兴。

（二）实现"弯道超车"中可能遇到的困难

短视频、直播技术遇到了革命老区，为革命老区乡村振兴实现"弯道超车"提供了机遇。但存在的一些问题使得"弯道超车"的速度变得缓慢。当下，短视频、直播在助力革命老区乡村振兴上，主要发挥直播带货助力产业振兴方面的作用，没有系统地发挥短视频、直播助力革命老区乡村振兴的作用。乡村振兴是包括产业、人才、文化、生态和组织在内的五位一体的振兴。短视频、直播技术如何助力革命老区人才、文化、生态和组织振兴上，还有待思考和探索。

　　人才缺乏是制约短视频、直播助力革命老区乡村振兴最重要因素之一。随着我国城市化、工业化的推进，革命老区大量的农村青年进城务工，短视频生产及管理人才严重不足，内容总体质量不高，同质化现象严重，且缺少专业人士对内容把关及政府、行业部门的监管，消费者观看大量相似度极高的短视频，产生审美疲劳，传播效果大打折扣。流量大的城市网络主播不愿深入革命老区乡村开展直播，本地网络主播受制于流量小、专业知识和直播礼仪知识不足等因素，难以发挥振兴革命老区乡村的作用。

　　农产品缺乏品牌、配套服务较低、监管体系不完善成为制约短视频、直播助力革命老区产业振兴关键因素。农产品直播带货只带货了没有带品牌ID，农产品还是货，没有给消费者植入品牌记忆，带完之后没有复购。通过直播销售的农产品，可能会导致直播产品与消费者到手的产品差距较大，伤害了部分消费者的消费信心。售后服务也存在较大问题，缺乏专门的售后服务渠道，消费者购买到变质、腐烂的农副产品，也往往是投诉无门。消费者与客服之间联系不畅，降低了消费者对短视频、直播助力乡村产业振兴模式的信任度和支持率。短视频、直播助力革命老区产业振兴模式作为新生事物，其监管体系还不完善。主播准入门槛低，导致主播群体素质良莠不齐。短视频平台或者直播平台对农副产品、食品等缺乏检验检疫、审核和管理，有较大的安全隐患，也无法保证消费者权益。

五、促进革命老区乡村振兴的政策建议

　　为更好地促进革命老区乡村振兴，提升老区群众的获得感、幸福感和安全感，传承好红色基因和推动革命老区实现共同富裕，本研究提出如下建议。

　　（一）支持短视频、直播等数字平台助力革命老区乡村振兴

　　为更充分地发挥短视频、直播"看得见"的优势，实现革命老区乡村

振兴"弯道超车"的可能，建议如下。一是探索如何使用"短视频＋直播"新技术打造一个革命老区县域公共品牌，助力县域系统探索乡村振兴模式。二是加大对革命老区短视频、直播人才的培养。把短视频、直播人才培养纳入地方人才培养体系，可创办直播培训班、短视频创作培训班，加强对短视频品牌、营销等多方面的培训。对农业农村企业家、合作社带头人、家庭农场主开展电商、直播理念培训。为短视频、直播培训人才与农业农村企业家、合作社带头人、家庭农场主提供对接的交流机会，坚持虚拟经济服务实体经济理念，既为短视频、直播培训人才找到出路，又为农村经济实体培养产品销售人才。三是加强内容把关，打造革命老区特色"短视频＋直播"IP。视频内容上，深入挖掘革命老区乡村资源，增加优质内容，突出自我特色，增加竞争力，发挥引领作用，带动包括红色文化在内的优秀文化和价值观的传播，促进"三农"短视频整个业态的良性发展。运营上，积极树立营销意识，打造个人品牌和产品品牌，为个人流量变现及商品销售提供认可和保障。把农业品牌的打造贯穿到整个革命老区乡村振兴过程中，针对革命老区中的地域特色产品，构建"政府引导、经营者主导、消费者参与"的模式，实现农民创收。四是重视"短视频＋直播"模式的监管，提升全流程服务水平。短视频平台首先要加强对革命老区"三农"短视频内容的监管，减少低俗、抄袭、博眼球等类型的视频，对于原创内容进行保护。各平台应当开展或持续推进革命老区乡村视频激励计划，使更多人关注到革命老区"三农"短视频，关注到革命老区乡村的新时代发展。平台还可积极为革命老区"三农"领域农产品的整合销售资源，提供专门渠道，同时减少产品售卖中平台抽成，助力革命老区农产品的线上销售。同时，鉴于主播零门槛的进入准则，平台需要对主播进行监管，通过消费者对主播的反馈，对主播进行降级和升级。

（二）探索促进革命老区乡村振兴的土地政策

第一，"建设用地机动指标"与"土地整治"挂钩。为保证乡村能够预留不超过 5% 的"建设用地机动指标",建议通过"土地整治"结余的建设用地指标,优先补充并满足乡村"建设用地机动指标"。土地规划部门对这一指标进行一定年度限制的冻结期限,以备未来产业落地的需要,解决革命老区乡村振兴长远发展用地需求。

第二,对于乡村"盘活存量"建设土地指标,充分考虑革命老区乡村振兴中的建设用地指标。建议对乡村"盘活存量"的建设用地指标,在城乡建设用地指标分配上设定一个城乡比例,并优先保障革命老区乡村振兴中的建设用地指标得到满足。

第三,推动革命老区"乡镇产业园"建设。鲜食农产品粗加工、贮藏等环节,部分乡村特色产业和为促进这些产品销售的直播基地适宜留在乡村,建议集中部分建设用地指标支持革命老区建设"乡镇产业园"。通过"直播+农业(或乡村特色产业)+物流"产业发展模式,立足革命老区生态优势,发挥革命老区在产业振兴方面的"后发优势"。一方面,解决革命老区鲜食农产品进城加工、贮藏中因运输导致农产品品质损失问题,更好地保持了农业是为消费者提供营养健康食品原料的价值;另一方面,在革命老区乡村田间地头直播农产品生产、采摘、加工、贮藏和乡村特色产品生产过程,更好地向城市消费者展示产品价值链中的"生态"和"乡土"信息,通过"价值链可视化"解决生产者与消费者之间因信息不对称产生的购买信任问题。

第四,推广"点状供地"的建设用地指标审批制度。乡村生态旅游等一些产业占用建设用地较少,能较好融入周边生态环境。建议对欠发达革命老区发展乡村生态旅游产业项目,改"块状供地"的建设用地指标审批制度为"点状供地"的建设用地指标审批制度。

第五,积极探索赋予乡村宅基地"用益物权"和"担保物权"的方式。在总结农村住房财产抵押贷款试点改革基础上,建议赋予革命老区乡村宅基地"用益物权"和"担保物权",注重制定与实施与此相关配套政策。健全农村宅基地评估机构、优化农村宅基地抵押贷款程序、建立规范的风险分担处置机制、设立风险调节与补偿机制等。

（三）加强基础设施建设，助力革命老区乡村振兴

从脱贫攻坚到乡村振兴，革命老区乡村基础设施建设政策应相应从"补短板"转到"提质补短"。

第一，推动革命老区乡村基础建设政策从"补短板"到"提质补短"，提升已建成生活类基础设施质量。对已建成但难以满足欠发达革命老区群众对美好生活向往追求的乡村基础设施，采取拓宽通村路路面、加装通村路安全防护设施等提质措施，巩固脱贫攻坚成果，有效衔接欠发达革命老区乡村振兴。

第二，建立和完善命老区乡村生活类基础设施后续管护制度。把对基础设施的管护放在与建设同等重要的位置，切实解决欠发达革命老区农村基础设施长期存在的"有人建、有人用、无人管"的问题，充分发挥长效作用。首先，规划阶段必须考虑运营管护经费，将其纳入项目总投资或明确管护经费来源，建立管护经费保障机制。其次，对纯公益性项目由财政安排一定的管护经费，使欠发达革命老区农村生活类基础设施建设工程真正走上平常有人管、坏了有人修、更新有能力的良性轨道，确保农村和农民长期受益。

第三，加大政府对乡村生产类基础设施和农业新基建的支持力度。针对目前革命老区乡村生产类基础设施和农业新基建存在的短板，加大政府财政资金对这类基础设施建设的投入力度。重点支持生产路、水利灌溉设施、高标准农田、动力电等为乡村产业振兴配套的基础设施项目建设，尤其要加大农业新基建投入，促进农业产业转型升级，带动农民增收和壮大村集体经济，实现共同富裕。

第四，积极引导社会资本投资建设革命老区乡村基础设施。不断优化融资环境，建立完善的欠发达革命老区乡村基础设施项目融资法律法规体系，加大对乡村基础设施项目投资者的财税优惠力度，建立和完善政府担保机制，加强政府在乡村基础设施项目融资中的监督和管理职能，积极引导和

规范社会资本参与欠发达革命老区农村基础设施建设，提高基础设施建设市场化水平。

第五，充分调动农民参与革命老区乡村基础设施建设的积极性。建立"自下而上"乡村基础设施建设决策方式，以农民需求为主确定基础设施投资项目的内容、数量和投资额。一些小型基础设施建设采取农民"自营自建"方式，调动农民参与乡村基础设施建设的积极性。

（四）促进革命老区产业振兴

一是创新产业发展模式，实现产业可持续发展。建立"公司＋合作社＋农户"的农业产业模式，充分发挥新型农业经营主体的带动作用。充分发挥公司在技术、资金和市场销售等方面的优势，促进革命老区小农户与现代农业有机衔接。大力发展农产品加工业。实施龙头企业带动战略，发展农产品精、深加工，延长农产品产业链，实现农业一二三产业融合发展，提高农产品价值，让农民分享农产品增值收益，建立农民增收的长效机制。构建农民参与分享经济发展成果的长效机制。在实现新型农业经营主体收入稳定持续增长的同时，全面提升农户参与乡村经济发展和分享经济发展成果的能力，将促进农户增收、壮大村集体经济同促进利益相关者合作共赢结合，促进示范区产业振兴。

二是提升内生动力，发挥农民主体作用。发挥农业龙头企业、合作社、农村能人和村干部的典型引路作用，引导农户积极参与示范区建设发展，降低政策执行成本。在推进革命老区乡村产业发展过程中，将政府支持和制度创新结合，改变过去政府单打独斗、大包大揽的做法，通过制度创新提高农户参与积极性，改变"政府干，农户看"一边热的局面，发挥农户乡村振兴的主体作用。

三是加强人才培养，培育集体经济发展带头人。加大农村实用人才培养力度。培养一批示范区产业发展亟须的乡土人才、"土专家"，为示范区产业发展提供日常技术保障。加大集体经济组织负责人培养力度。实施集体经济组织人才培养工程，组织集体经济组织负责人到高校接受培训，所需经费由县级财政统筹。将家庭农场、农民合作社、农业龙头企业的经营管理人员培养成集体经济组织的负责人。坚持内部培养与外部引进相结合，引入职业经理人制度，聘请职业经理人管理村集体经济组织资产，弥补村集体经济组织人才不足的短板。

（五）促进革命老区人才振兴

一是把乡村人才建设纳入乡村振兴规划和政府考核指标体系中。坚持"乡村振兴，人才先行"，加强革命老区当地党委对乡村人才工作的领导，将乡村人才振兴纳入党委人才工作总体部署。革命老区各级政府在制定当地乡村振兴规划中，要以人才振兴，带动联动产业振兴、生态振兴、文化振兴和组织振兴，各个部门在业务工作时要把人才振兴纳入各自工作中。

二是进一步摸清乡村人才基本供给和需求情况。摸清高素质农民、二三产业发展、乡村治理、公共服务、农业农村科技等各类人才资源，组织各乡镇和村建立"人才资源库"，搭建动态人才发展平台。同时根据地方规划、美丽乡村建设、文化旅游、特色产业等方面的需求，获得乡村人才供给和需求的缺口，以便有针对性地出台应对措施。

三是贯穿"以人为中心"的示范区建设主旨。在革命老区乡村人口流失、人才匮乏的现实约束下，示范区的建设主旨应做到"以人为中心"，才能实现长期、稳定的发展。例如，项目设立要基于"人"，充分考虑村庄的人力资源、人才供给、受益人口因素；项目进行要基于"人"，充分利用本地人才、引进外来人才发挥人力资本效能；项目完成要发展"人"，充分利用各类产业、公共服务等项目挖掘、锻炼、培养、留住各类乡村人才，实现乡村人才振兴。

四是加强培训本地人才、吸引外来人才。大力开展农业生产经营、旅游管理、农村电商等系列人才培训工作；通过"徒弟"式接班人的培养模式，培养更多的乡村工匠、"非遗"传承人。利用示范区宝贵的红色文化财富，以红色文化旅游产业为龙头，带动相关产业发展，吸引各类人才特别是红色文化旅游和特色农业人才回流，推动示范区产业发展和升级。

五是建立长期的、制度化的支持革命老区的人才扶持机制。充分利用外来人才资源，特别是脱贫攻坚期间所形成的外来帮扶人员及相关人才资源网络，包括发达地区与革命老区定点帮扶、对口帮扶等。积极对接高等院校、职业院校，争取设立革命老区专项招生、培训支持计划，政府与院校共同探索教学与实践内容，大力培养应用型人才。加强革命老区与外地的人才交流学习，定期派村干部、大学生、家庭妇女、新农人、技术骨干等去外地访问考察。

（六）促进革命老区文化振兴

一是加大红色文化资源的保护、宣传和开发力度。革命老区的红色文化是传承和弘扬伟大建党精神的宝贵资源和生动教材，建议加大对革命老区的投入，将红色文化资源的保护和利用上升为文化振兴的重中之重。一要摸清"家底"，加大散落民间的红色文物、文献的整理工作，做好文物保护的"提前量"；二要深入挖掘，与专业机构合作开展红色研究，加强红色文化的精神价值的提炼；三要创新应用，使用网络、虚拟空间等技术手段，讲好红色故事，赋予红色文化新的影响力和感染力。

二是整合区域红色文化资源，协同发展红色文化产业。针对红色文化资源的分散性，建议革命老区加强区域红色文化资源的整合工作。突出红色文化区域特点基础上，由县级甚至更高级别政府统一规划，做到跨行政区域的零散红色文化资源的协同开发，打造区域"红色品牌"，避免单打独斗、重复开发的现象。

三是依靠村民自治开展传统陋习的引导工作。移风易俗行动不易行政干预。建议依靠村干部、新乡贤等群体的力量，针对高额彩礼、大操大办等传统陋习，有针对性地指定符合村庄实情的"办事民约"，从而引导群众摒弃陋习。

四是公共文化从"重建设、轻管护"转向"精准建设、强化服务"。在巩固脱贫攻坚成果同乡村振兴有效衔接的新阶段，建议革命老区公共文化的工作重点转向"补足文化基础设施短板、提高文化服务质量"。文化下乡要做好需求调研，提高群众参与度。

（七）促进革命老区生态振兴

第一，多管齐下整治农村生活污染问题。农村人居环境整治需要与产业发展、基层组织建设、精神文明建设等相结合，共同推进五大振兴联动。协调多政府部门共同解决农村污水处理和生活垃圾分类问题。在乡村大力宣传环保理念，制定村民环保公约，创造清洁优美的生活环境。

第二，针对农村人口密度，分类开展污水处理技术研发工作，探索污水处理有效运行的制度模式。针对居住相对集中和较为分散的不同聚居模式，分别研发不同的污水处理技术。探索政府、社会资本和农户共同参与、共同治理的污水处理制度，确保污水处理工作可持续。

第三，鼓励各地在环保的前提下，推动农村生活垃圾处理微循环制度。制定垃圾分类、垃圾减量等奖惩制度，提高再生利用率和本地化处理比率，包括粪便、厨余垃圾等资源化利用，充分利用环保垃圾焚烧炉等环保新技术，实现乡镇范围内生态微循环，垃圾尽量不跨镇转运，节约人力并减少转运过程中的二次污染。积极开展农户垃圾分类知识宣传工作。

第四，因地制宜，推动"厕所革命"。不片面追求提高水冲厕所比例，根据各地经济、地理、资源等情况，因地制宜推动"厕所革命"。在经济收入水平高、平原和水资源丰富地区，适当增加水冲厕所比例。对部分干旱地区，为节约宝贵的水资源，可将不适合改为水冲厕所的一般旱厕改造为卫生旱厕。

第五，加大对农村地区环保教育宣传力度。加大宣传力度，引导农村群众积极参与生态建设，形成部门联动、全民参与生态振兴的良好氛围。可适当采取积分制，对高分者予以宣传奖励。

（八）促进革命老区组织振兴

第一，打破组织体系壁垒，探索组织发展新模式，引领革命老区乡村振兴。推动革命老区在同一乡镇内按照地缘相近、乡俗相通、产业相连、资源互补的原则，建立"联村党建"机制，统筹推进乡村振兴工作。通过定期协商、民主议事、加强治理等，实现乡村振兴建设一体谋划、一体设计、一体推进。把分散在各村的资源、人才等统筹起来，形成"拳头效应"和整体合力，抱团发展，解决单村组织"散而弱"和特色产业"做不强"问题，不断建强基层党组织战斗堡垒，为推进欠发达革命老区乡村振兴建设提供坚强政治保障。

第二，提升基层党组织支撑力，建强革命老区乡村振兴人才队伍。实施乡村振兴战略必须打造一支强大的乡村振兴人才队伍。革命老区应加强农村基层干部队伍和专业人才队伍建设，坚持"内培与外引"相结合方式，大力培养引进一大批有情怀、有知识、有技能的"土专家""田秀才"，为乡村振兴提供坚强的人才支撑和智力保障。

第三，发展壮大集体经济，促进乡村全面振兴。发展壮大村级集体经济是促进乡村全面振兴，实现农民共同富裕的重要保障。完善革命老区集体经济运行机制，扫清欠发达革命老区集体经济发展的制度障碍。盘活革命老区集体资产，做好产业规划。革命老区应依托当地特色、优势资源，大力开展资本经营。利用政府财政资金投入撬动社会资本进入村庄发展集体经济。革命老区应发挥财政投入的杠杆作用，积极吸引社会资本参与革命老区集体经济发展中，破解"人、地、钱"等瓶颈难题，为农村发展引入源头活水。培育欠发达革命老区集体经济发展的带头人，加大欠发达革命老区村集体经济组织负责人培养力度，培训所需经费由县级财政统筹。发展可持续的村级集体经济。革命老区应引进适合当地集体经济可持续发展的企业和产业，带动本村剩余劳动力就业，增加农民收入，同时坚持"村民共参共享共治"理念，带动农民参与集体经济的积极性。

参考文献

[1] 颜明杰，彭迪云. 农村金融精准扶贫成效的评价——基于江西农户的调查 [J]. 江西社会科学，2018，38（5）：74-83.

[2] 邵平桢. 川陕革命老区供给侧结构性改革与精准脱贫研究 [J]. 农村经济，2016（11）：57-60.

[3] 孔柠檬，刘桂莉. 赣南苏区发展的滞后性及发展振兴政策建议 [J]. 苏区研究，2016（6）：114-123.

[4] 甘乐平. 鄱阳湖生态经济区环湖区人口经济发展与劳动力转移 [J]. 中国井冈山干部学院学报，2011，4（1）：119-123.

[5] 李启宇，何凡. 巴中革命老区新农村建设：制约因素与路径选择——基于扶贫开发的视角 [J]. 农业经济，2015（6）：69-71.

[6] 聂火云，杨学龙. 老区农村民生问题及改善路径 [J]. 江西社会科学，2010（11）：230-234.

[7] Liu Y, Long H, Chen Y, Wang J, Li Y, Li Y, Yang Y, Zhou Y. Progress of research on urban-rural transformation and rural development in China in the past decade and future prospects[J]. Journal of Geographical Sciences, 2016, 26（8）.

[8] 黄小钫. 试析新中国成立后中共中央关于老区政策的演变 [J]. 中共党史研究，2008（3）：76-82.

[9] 王浩. 金融精准扶贫模式 [J]. 中国金融，2016（22）：25-26.

[10] 陈秋华，纪金雄. 乡村旅游精准扶贫实现路径研究 [J]. 福建论坛（人文社会科学版），2016（5）：196-200.

[11] 王晓毅. 易地搬迁与精准扶贫：宁夏生态移民再考察 [J]. 新视

野，2017（2）：27-34.

[12] 李长学. 论乡村振兴战略的本质内涵、逻辑成因与推行路径 [J].
内蒙古社会科学，2018，39（5）：13-18.

[13] 李周. 乡村振兴战略的主要含义、实施策略和预期变化 [J]. 求
索，2018（2）：44-50.

[14] 雷明，于莎莎，陈韵涵. 全面乡村振兴：战略指向、体系构建及
路径选择 [J]. 新疆财经，2021（5）：5-15.

[15] 王振花，周斌. 乡村振兴视域下现代农业发展现状及路径研究
[J]. 南方农业，2021，15（36）：141-143.

[16] 骆鑫. 乡村振兴背景下江西省农业品牌化发展现状及对策研究
[J]. 农村经济与科技，2021，32（21）：166-167.

[17] 贾澎. 传统文化在当今农村的传承价值及其影响力探究——评
《中华优秀传统文化在新农村建设中的价值与作用研究——以关中地区为例》
[J]. 领导科学，2022（4）：155.

[18] 许佳君，田晓娟. 农村空心化背景下乡村人才振兴现状及对策分
析 [J]. 辽宁农业科学，2021（6）：62-65.

[19] 刘建芳，朱显岳，徐象华. 浙西南山区乡村振兴的路径与对策探
讨 [J]. 丽水学院学报，2020，42（1）：10-13.

[20] 陈锡文. 实施乡村振兴战略，推进农业农村现代化 [J]. 中国农业
大学学报（社会科学版），2018（1）：5-12.

[21] 杨珅. 远安县乡村振兴战略实施路径与对策 [J]. 乡村科技，
2019（28）：47-48+50.

[22] 蒋和平. 实施乡村振兴战略及可借鉴发展模式 [J]. 农业经济与管
理，2017（6）：17-24.

[23] 李国祥. 实施乡村振兴战略是我党在推进现代化中的伟大创举
[J]. 农村工作通讯，2017（21）：18.

[24] 钟钰. 实施乡村振兴战略的科学内涵与实现路径 [J]. 新疆师范大学学报（哲学社会科学版），2018，39（5）：71-76+2.

[25] 李亚楠. 共同富裕视角下推进乡村振兴的对策与路径 [J]. 广西职业技术学院学报，2021，14（5）：60-68.

[26] 欧阳日辉. 数字经济促进共同富裕的逻辑、机理与路径 [J]. 长安大学学报（社会科学版），2022，24（1）：1-15.

[27] 夏杰长，刘诚. 数字经济赋能共同富裕：作用路径与政策设计 [J]. 经济与管理研究，2021，42（9）：3-13.

[28] 李勇坚. 数字经济助力共同富裕的理论逻辑、实现路径与政策建议 [J]. 长安大学学报（社会科学版），2022，24（1）：24-34.

[29] 完世伟，汤凯. 数字经济促进乡村产业振兴的机制与路径研究 [J]. 中州学刊，2022（3）：29-36.

[30] 陈一明. 数字经济与乡村产业融合发展的机制创新 [J]. 农业经济问题，2021（12）：81-91.

[31] 李珍刚，古桂琴. 民族地区农村数字经济发展的公共服务供给研究 [J]. 广西民族研究，2019（6）：131-138.

[32] 齐文浩，张越杰. 以数字经济助推农村经济高质量发展 [J]. 理论探索，2021（3）：93-99.

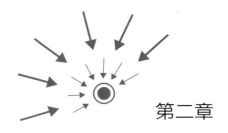

第二章

革命老区产业振兴研究报告

● 本章作者：马红旗，中国农业大学经济管理学院副教授、中国农业大学国家乡村振兴研究院革命老区研究中心秘书长。

2021 年中央一号文件明确指出，要构建现代乡村产业体系，让农民更多分享产业增值收益。同时乡村振兴的五大目标是产业兴旺、生态宜居、乡风文明、治理有效和生活富裕。其中，产业兴旺是第一位的，解决生存和生产问题，是主导的，这是一项长期的、根本的、基础的工程。

通过对 40 个示范区的访谈调查及田野观察可以发现，产业振兴无疑是乡村振兴中最为重要的一环，产业发展始终是乡村振兴战略最基本的任务，是解决乡村一切问题的根本前提。农村发展的天地很广阔，但要实现可持续发展，必须要发展产业，只有夯实了产业根基，让乡村具有"造血"功能，才能激发农民自身的内在动力和蓬勃活力，最终完成乡村振兴这一重大战略任务。在我国欠发达革命老区内部，最突出的要素禀赋是红色基因和生态资源，在发展"文旅·康养"农业产业方面具有得天独厚的天然条件。然而，现实的情况是，目前我国资本、劳动和企业家等传统生产要素很大程度上是在一系列短期合约的驯化下完成资本化的，它们在追逐短期回报的资产上表现出很强的路径依赖，这使得坐拥丰厚红色基因和生态资源这类长期资产的欠发达革命老区在产业振兴方面面临种种困难。

一、中国乡村产业振兴战略的提出与发展

在打赢脱贫攻坚战、全面建成小康社会的大背景下，推进乡村振兴是现实和发展的必然要求。乡村振兴是产业振兴、组织振兴、文化振兴、生态振兴、人才振兴的综合振兴。其中，产业振兴是基础，也是重中之重。

乡村产业振兴是指与乡村发展有关的所有产业共同振兴，包括振兴农

业、振兴农村二三产业、发展农村传统产业、发展农村新产业、新业态、农村一二三产业融合发展等。振兴农村产业，要着力推进农业供给侧结构性改革和农村发展新动能培育，提高农业农村发展质量效益，增加农业产量，增加农村增值，增加农民收入，实现城乡均衡融合。

1．**农业高质量发展是乡村产业振兴的核心**。农业是农村最基础、最重要的产业。振兴农村产业，首要任务是推进农业转型升级。当前，中国经济已由高速增长阶段转向高质量发展阶段，农业生产也由以满足数量需求为主转向更加注重满足质量需求。发展优质农业是中国特色社会主义乡村振兴道路的重要途径。按照这一原则，振兴农村产业，要求农业生产由单纯追求产量向追求质量转变，由粗放经营向精细化经营转变，由低端供给向高端供给转变，实现农业高质量发展，构建现代农业经济体系。

2．**农村一二三产业融合发展是产业振兴的内在要求**。振兴农村产业，就是要补好农业农村产业发展的短板，构建附加值增长空间大、带动增长能力强、农民就业增收明显的现代农村经济体系。一二三农村产业融合发展是以农业为基础，以工业化组织为主导，以效益耦合机制为纽带，通过产业联动、要素集聚、技术创新、制度创新，促进农业前后与休闲服务各环节相结合，极大地延伸了产业链条，丰富了农村产业形态，增加了农民就业机会，扩大了农业农村增值机会，促进了城乡经济融合发展。

3．**培育和发展新产业、新业态，是乡村振兴的引擎和动力**。乡村产业振兴不仅是乡村产业规模和效率的显著提升，也是乡村产业增长方式的转变，从要素投入带动规模增长向新产业、新业态带动发展转变。近年来，中国农村新产业、新业态蓬勃发展。大量工商企业下乡投资，大批农民、退役军人、大学生返乡创业创新。这为农业增效、农村增收、农村繁荣注入了前所未有的新动力。这意味着，新产业、新业态已经成为农业和农村经济的新增长点，成为中国农业供给侧结构性改革的重要组成部分。

表 2.1　乡村振兴产业发展重要政策文件汇总梳理

发布时间	发布部门／人	文件名称	主要内容
2017 年 10 月 18 日	习近平	《决胜全面建成小康社会 夺取新时代中国特色社会主义伟大胜利》	首次提出乡村振兴战略，指出农业农村农民问题是关系国计民生的根本性问题，必须始终把解决好"三农"问题作为全党工作的重中之重，实施乡村振兴战略。
2018 年 2 月 4 日	中共中央、国务院	《中共中央 国务院关于实施乡村振兴战略的意见》	到 2020 年，乡村振兴取得重要进展，制度框架和政策体系基本形成；到 2035 年，乡村振兴取得决定性进展，农业农村现代化基本实现；到 2050 年，乡村全面振兴，农业强、农村美、农民富全面实现。
2018 年 9 月 26 日	中共中央、国务院	《国家乡村振兴战略规划（2018—2022 年）》	明确了乡村产业的发展目标，到 2025 年，农产品加工业营业收入达到 32 万亿元，培育一批产值超百亿元、千亿元优势特色产业集群；乡村休闲旅游优化升级，年接待游客人数超过 40 亿人次，经营收入超过 1.2 万亿元；乡村新型服务业类型丰富，农林牧渔专业及辅助性活动产值达到 1 万亿元，农产品网络销售额达到 1 万亿元。
2020 年 7 月 16 日	农业农村部	《中共中央 国务院关于全面推进乡村振兴加快农业农村现代化的意见》	把乡村建设摆在社会主义现代化建设的重要位置，全面推进乡村产业、人才、文化、生态、组织振兴，充分发挥农业产品供给、生态屏障、文化传承等功能，走中国特色社会主义乡村振兴道路，加快农业农村现代化，加快形成工农城乡互促、城乡互补、协调发展，共同繁荣的新型工农城乡关系，促进农业高质高效、乡村宜居宜业、农民富裕富足。

续表

发布时间	发布部门／人	文件名称	主要内容
2021 年 3 月 22 日	中共中央、国务院	中央一号文件《中共中央国务院关于全面推进乡村振兴加快农业农村现代化的意见》	把乡村建设摆在社会主义现代化建设的重要位置，全面推进乡村产业、人才、文化、生态、组织振兴，充分发挥农业产品供给、生态屏障、文化传承等功能，走中国特色社会主义乡村振兴道路，加快农业农村现代化，加快形成工农城乡互补、协调发展、共同繁荣的新型工农城乡关系，促进农业高质高效、乡村宜居宜业、农民富裕富足。
2021 年 3 月 31 日	财政部、国际乡村振兴局、国家发展改革委、农业农村部、国家林业和草原局	《中央财政衔接推进乡村振兴补助资金管理办法》	为支持巩固拓展脱贫攻坚成果同乡村振兴有效衔接，原中央财政专项扶贫资金调整优化为中央财政衔接推进乡村振兴补助资金。中央财政 2021 年预算安排衔接资金 1561 亿元，比上年增加 100 亿元。
2021 年 6 月 1 日	全国人民代表大会常务委员会	《中华人民共和国乡村振兴促进法》	将国家粮食安全战略纳入法治保障，为解决耕地和种子"两个要害"提供法律支撑。填补了我国乡村振兴领域立法空白，标志着乡村振兴战略的法治之路可依、依法实施的新阶段。
2021 年 9 月 17 日	中国银保监会	《支持国家乡村振兴重点帮扶县工作方案》	银行业金融机构要持续加大信贷投放，努力实现重点帮扶县各项贷款平均增速高于所在省份的贷款增速，力争到 2025 年底，各重点帮扶县存贷比达到所在省份全域平均水平。
2021 年 12 月 14 日	国家乡村振兴局中华全国工商业联合会	《"万企兴万村"行动倾斜支持国家乡村振兴重点帮扶县专项工作方案》	将通过重点民营企业对接、东西部协作对接、省内民营企业与 160 个重点帮扶县对接全覆盖、通过帮县带村等形式，逐步向县村行政村延伸。

二、革命老区乡村产业振兴发展现状分析

调查结果显示：（1）示范区的产业布局整体上仍以传统农业为主导，且建立在传统农业基础之上的价值链延伸非常有限；（2）依托于红色资源、传统农耕和生态环境的乡村旅游业在示范区正进入一个方兴未艾的阶段，但存在缺乏整体规划、模式单一、管理无序等粗放型特征；（3）示范区主要依赖政府和村"两委"的大力支持形成一定的特色产业，但离"小产品大产业"仍有很大的距离；（4）在产业经营方面，农业产业的品牌建设相当薄弱，新型经营主体不断壮大并为乡村产业不断注入新的活力，但与农户的利益联结机制有待加强。示范区具体的产业发展现状如下：

（一）传统产业为主导，价值链延伸面临资金约束

1. 传统产业为主导，维持着农民基本生活需求

大多示范区以传统的种植业为主导产业。这些地区能够因地制宜并最终选择适合地域特征的传统种植业作为乡村产业发展的基础，而且多年以来已经形成了一种稳定的产业发展模式，很大程度上稳定了农村居民的基本生活需求。从地域上看，北方耕地面积多，农业种植规模大，较多为传统农作物种植，以黑龙江省饶河县为例，饶河县人均黑土地 30 多亩，普通农户户均种粮收入 20 万元 / 年左右，粮食收入平均占农民收的 90%，第一产业比重高达 87.2%。南方人均耕地面积少，且较为零散、难以统一，多为新型农产品种植。例如，湖南省汝城县特色农作物就有黄金奈李、水晶梨、柑橘、百香果、猕猴桃、油茶、生姜、小米椒、茶叶、金银花等十余种。

2. 传统产业的价值链较短，以简单加工为主

在示范区内，起主导作用的传统产业在价值链延伸方面十分有限，进而限制了农村居民收入的增长。其中有三个表象：第一产业向后延伸不充分，多以供应原料为主，从产地到餐桌的链条不健全。第二产业连两头不紧密，农产品精深加工不足，副产物综合利用程度低，农产品加工转化率低。

目前的价值链延伸主要表现为农村品的初级加工方面。调查结果显示，农产品加工业是示范区传统产业价值链延伸的主要表现。据统计，有农产品加工企业的乡镇比例为 76.25%，有工业园的乡镇占比为 21.25%。其中农产品加工企业最多的乡镇有 52 个，发展极不均衡。从村庄统计来看，仅有 32 个村庄以农产品加工业为特色产业，农产品加工业产值为零的村庄有 104 个，占比 25.12%。在企业层面，农产品加工企业销售收入最高可达 15000 万元 / 年，最低销售收入仅有 80 万元 / 年（图 2.1）。雇工人数最多有 500 人，雇工人数最少仅 5 人（图 2.2），其中雇用本乡镇工人的占比最高可达 100%，最低为 0，平均值为 76.81%。总之，示范区传统农业的产业链延伸不足，且还存在很大的不均衡。

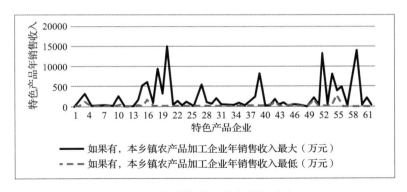

图 2.1　年销售收入最高最低对比

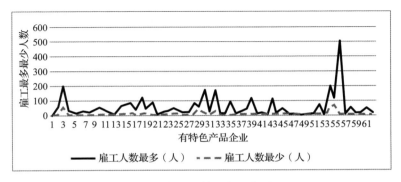

图 2.2　雇工人数最多最少对比

在示范区内，拓展农业产业链较好的地区来看，价值链的延伸对增收的带动作用还是十分明显的。以贵州省湄潭县为例，湄潭县为增加红柚产业的附加值，拓展加工产品，现建投资 300 余万元的冻库一个，正在拟建红柚分拣包装厂一家，探索引进开发柚子茶、柚子饮料等深加工企业。四川省苍溪县依托"梁公子""果王"等农产品精深加工龙头企业，实现农产品就地加工转化增值，促进生产、加工、服务深度融合。湖北省恩施市示范区内建成 2 个产业园区，5000 万元规模企业 2 家，茶叶、硒食品精深加工等特色加工产业 81 家，42 家农产品加工企业，年销售收入最低 80 万元，最高达8000 万元。

3. 原始资本积累薄弱是限制价值链延伸的根本

一方面由于示范区均为欠发达革命老区，工业基础薄弱，原始资本积累极其不充分。另一方面，示范区未来发展规划及目标中对生态环境、自然资源都有一定要求，这又进一步使得以第二产业为基础的价值链延伸环节受限。据示范区普遍反映，示范区的农业加工企业规模及数量难以满足庞大农产品产量的加工和提升附加值的市场需求，而且一些龙头企业的带动作用也十分有限，许多龙头企业仅仅带动生产环节中的活动，而生产后的销售、加工、物流等重要变现环节只能依靠农户自己想办法。调查结果显示，有仓储、运输等设备的村庄比例仅有 20.77%，而在没有设备的原因中，有 145 个村庄表示因资金缺乏而无法购买（图 2.3）。由此可见，原始资本积累薄弱是限制价值链延伸的根本原因，需要依靠收入分配的在调节来解决示范区价值链延伸中面临的资金约束问题。

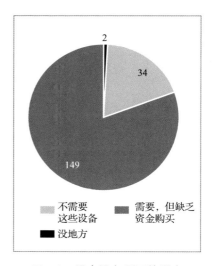

不需要这些设备　　需要，但缺乏资金购买　　没地方

图 2.3　没有设备原因的调查

（二）乡村旅游方兴未艾，但仍处于粗放阶段

从国家层面来看，旅游业是许多国家经济发展和振兴乡村的重要产业。联合国世界旅游组织的报告指出，发展旅游业是许多发展中国家最可行、最可持续的经济发展选择，也是一些国家外汇收入的主要来源。在世界 48 个最贫穷国家中，旅游业占 20 个国家出口收入的第 1、2 位。

在产业层面，旅游业有力地带动了农村相关产业的发展。旅游产业是产业关联度较高的综合产业，可以与一二三产业形成广泛的联系。无论是"旅游 +"还是"+ 旅游"，旅游产业链的形成对区域经济发展具有重要的带动作用。许多农村地区，旅游观光业带来了相当的收入，不仅农业的绿色发展，产业的模式转换和升级，社会综合服务水平的提高等都有效地带动了农村经济发展的新引擎。在 40 个示范区内，多数乡村利用红色背景和红色文化发展乡村旅游，部分乡村取得了显著成效，但大多数乡村在乡村旅游产业发展方面仍处于较粗放的阶段。

1. 乡村旅游资源逐步被激活，推动了乡村"产居一体"

"优化资源环境，挖掘乡村文化，协调农户参与，引导创新创业，增强发展动能"是乡村旅游高质量发展的路径。在乡村振兴战略中，大量的人才、资金、项目、机遇涌向农村，有利于乡村旅游更加精细化的档位升级，为乡村旅游的发展质量提供了保障和支持，乡村旅游作为实施乡村振兴战略的重要力量，成为重点打造乡村休闲生活方式发展和投资热点。示范区主要依托于红色资源、传统农耕、生态环境等乡村资源大力发展乡村旅游业，使得乡村旅游业在示范区进入了一个方兴未艾的阶段。乡村旅游的发展在带动当地经济发展和促进农民增收的同时，也顺便使得农民实现了在家门口就业的愿望，这种"产居一体化"的现象是提高农民幸福指数的关键，可以有效化解"留守儿童"和"留守老人"带来的一系列社会性问题。

2. 乡村旅游内部的业态也呈现多样化

乡村旅游已经超越了农民、旅游、休闲、度假的形式复合转化，提高

了人们的消费升级和个性化需求增加，中国乡村旅游正逐步向多元化、一体化和个性化方向发展。与此同时，乡村旅游的消费模式也从观光旅游向度假深度体验旅游转变，乡村旅游的形式也逐渐多样化。现阶段，农村经济发展路径形成了"乡村主题化、生活体验化、农业现代化、业态多元化、风景乡镇、农民多产业化、资源产品化"七大新趋势。乡村旅游的内部业态的发展主要依赖于各乡村的资源禀赋，示范区的乡村旅游主要有生态旅游、红色旅游、民宿旅游、产业旅游等四种业态类型。（1）**生态旅游**。生态旅游以大自然赋予的原始生态为依托，为城市中产阶级提供清洁的空气、清新的大自然、悠闲的生活空间，需求日益旺盛。例如，黑龙江省饶河县示范区借助地处边疆的优势，打造了"沿大顶子山旅游风景区精品旅游带""沿乌苏里江沿河文化旅游带"两大景区，每年来自内地自由行游客 30 万人次以上。江西省资溪县真相乡村已被评为国家 4A 级旅游景区、省 5A 级乡村旅游点，野狼谷景区正在创建国家 4A 级旅游景区，示范区内陈坊的老佬文化、桐埠村和草坪村的红色革命文化、草坪村的公社文化、新月村畲族文化等独特的文化魅力，使各村村集体经济收入均超过 10 万元，其中新月畲族村突破 100 万元，草坪村突破 50 万元。（2）**红色旅游**。红色旅游主要发挥了革命老区具有优质红色基因文化的优势，为党政干部、大中小学生以及普通群众提供有关革命事业的场景在线、遗迹呈现、遗物展览等文化教育的需求。"文化是旅游的灵魂，特色是旅游的精髓。"在"农旅文"融合发展中充分释放红色基因文化的优势，打造特色红旅文化的亮丽名片，得到广大消费者的认同感。以"红色基因文化"架桥，带动人流、物流、信息流的流动，加快了"农旅文"融合发展步伐。红色旅游以江西省井冈山市为主要典型，井冈山市以茅坪村、大陇村、古田村、柏露村等红色旅游资源、研学培训活动为基础，联动井冈山红色研学教育的发展，带动红色体验、红色研学、爱国教育、廉政教育、素质拓展、教育培训等职能形成。当前，示范区红色旅游年接待游客百万余人次。（3）**民宿旅游**。民宿旅游主要与生态旅游和红色旅游相配套，意在延长消费者在乡村旅游的时间，进而更好地促进城乡居民的互动与融合。例如，吉林省靖宇县花园村发展了民宿旅游项目，包括王安广告公司建设的高端民宿，花园口镇争取补贴资金改造的靖宇人家东北大炕民宿，花园村西侧小木屋民宿，旅游旺季期间民宿爆满。北京市房山区黄山店村带动片区内其他村的旅游产业发展，发展生态旅游、精品民宿及配套产业，形成了以幽岚山坡峰岭景区为核心、以特色精品民宿为代表的全域生态文化休闲旅游产业格局，目前，黄山店村已利用 64 座老宅改造成民宿小院，利用 15 座老宅改造成为民宿配套产业 3 处，截至 2020 年民宿实现收入2050 万元。（4）产业旅游。产业旅游以当地特色产业为依托，以特色产业的吸引力为核心展开的一系列包括食、宿、行在内的旅游服务。例如，河南省新县田铺大塆以创客小镇为载体，依托丰富的红色文化资源和绿色生态资源发展乡村旅游，搞活了农村经济，积蓄红色优势，弘扬忠孝文化；突出绿色生态，培育农耕文化；再现古色乡愁，传承民俗文化。安徽省潜山市以茶叶特色产业继续发展乡村旅游，天柱山镇茶庄村域内有天柱大峡谷、九曲河漂流 2 家 3A 级景区及乡村大世界，2020 年新开发的"魔幻森林"旅游项目更丰富了天柱山景区国际康养小镇的夜游生活，极大地丰富了茶庄旅游建设的内涵。

3．乡村旅游存在缺乏整体规划、模式单一、管理无序等粗放型特征

虽然示范区的乡村旅游看似红红火火，然而各经营主体均对项目的持续性担忧。究其问题可以发现，目前乡村旅游存在三个反面的问题：**一是缺乏整体规划**。旅游资源尤其是生态旅游最大的特征是整体性，好多旅游资源并非以点状、带状或块状的形态而存在，而大多是在一定区域范围内以整体而存在，比如沿水系而生的流域资源、沿山脉而生的地质资源、沿盆地而生的小气候资源、沿少数民族聚居地而生的民族资源等。基于旅游资源的整体性特征，需要在一定区域范围内做一个整体性规划，进而让消费者能够享受乡村旅游的"立体感"和"时空感"。然而，目前示范区内乡村旅游的项目

设计主要表现为各自为战，结果是各地区按照行政边界对旅游资源进行切割开发，最终旅游项目的特点是"大杂烩"，重复单一、互相排斥，缺乏整体的布局，缺乏对当地文化的深入挖掘，没有自己的特色，类似农业、温泉、采摘等旅游商品虽然很多，但核心主题不足，直接造成重访率大幅下降。二是项目设计存在"短期主义"。凯恩斯有句名言："从长期来看，我们都死了。"显然凯恩斯为他所建议的经济政策的短期效果背书，从某种意义上而言，凯恩斯的说法是有道理的。但是，从短期来看，我们还有各种追求，各种目的要去实现，如果我们只顾眼前，那么可能在不太长的时期内，我们就会尝到苦果。从以科斯等人为代表的新制度经济学的理论角度讲，一个产业项目的持续性与产业组织中的合约期限有很大的关联。合约期限越短，产业发展的持续性就越差。比如虚假宣传、价格欺诈、强迫交易等均属于短期化生产合约。这种"游击式"的乡村旅游项目只能"打一枪换一个地方"，游客对这种短期合约的旅游消费极其排斥，不仅难以形成回头客，还容易极大降低旅游品牌的信誉。因此，需要政府设置特殊的制度安排对类似这种短期化行为进行规制，任何一个产业的发展都需要在规制和活力之间去寻找一种平衡才能维持项目的持续性发展。三是乡村旅游面临较大的建设用地指标的约束。旅游项目往往需要一定的建设用地指标来支持，然而我国目前有关土地利用方面的制度安排很大程度上仍延续着改革开放40多年来城镇化和工业化战略要求下的制度设计。在城镇化和工业化战略要求下，我国的建设用地指标更多地用来服务于城市部门，农村部门的土地几乎全部被划为难以突破利用性质的永久基本农田，而且目前农村通过土地整治而结余的建设用地指标也很大程度上被县级政府利用权力优势"流转"到城市部门来支持工业建设。于是当乡村旅游在乡村振兴战略中开始蠢蠢欲动时，建设用地指标稀缺性开始成为制约其发展的一个重要障碍。据调查，示范区内在谈到乡村旅游时，几乎无一例外地都把"土地问题"列为乡村振兴的第一约束条件。

（三）特色产业定位准确，但离"小产品大产业"仍有很大的距离

各村可根据自身情况，增加食品、制造业、手工业、农业、品牌产品和服务的供给，以满足多样化的市场需求，通过这样的发展，传统的技术可以没有消失地保存了下来；也可以挖掘特色景观、地方民俗、农耕文化等资源，打造休闲农业和乡村旅游项目；还可以开发特色产品，并开拓村庄的历史，建设设施完备，功能多样的休闲观光基地，培育出一批"一村一景""一村一韵"美丽休闲乡村，打造有特色、主题鲜明的农村休闲旅游业。

产业发展的特色性一定程度上代表各地在产业定位方面的科学性和精准性，这是避免乡村范围内进行同质化竞争的重要一环，据此我们在调研中又专门就产业发展的特色性进行了有针对性的调研。

1．特色产业以种植业和养殖业为主，带动效应明显

对示范区的基线调查发现，有特色产品的村庄比例达 65.94%。其中，在所调研的项目村中，有 206 个村庄以种植业为特色产业，有 116 个村庄以养殖业为特色产业，有 83 个村庄以乡村旅游为特色产业，有 82 个村庄以林果业为特色产业，有 32 个村庄以农产品加工为特色产业，有 21 个村庄以传统手工艺为特色产业（图 2.4）。特色产业的发展在当地也产生了一定的带动效应。据统计，特色产业产值占全村总产值比重的平均值为 35.20%，特色产业带动的就业人口占全村人口比例的 28.56%。

2．政府和村"两委"的大力支持是特色产业定位的关键

特色产业的定位是开展乡村产业振兴的重要着力点和抓手。产业振兴的定位离不开政府的支持、经营主体的带动、农户的积极性和生态环境的馈赠等。据统计，在所有特色产业中，有 204 个村庄认为政府的支持是其特色产业能够顺利发展的重要因素，有 191 个村庄认为村"两委"的支持是其特色产业能够顺利发展的重要因素，有 132 个村庄认为龙头企业、合作社等新型经营主体的带动其特色产业能够顺利发展的重要因素，有 132 个村庄认为农户自发的积极性是其特色产业能够顺利发展的重要因素，有 97 个村庄认为其

独特的自然资源优势是其特色产业能够顺利发展的重要因素，有 53 个村庄认为之前的产业基础是其特色产业能够顺利发展的重要因素（图 2.5）。

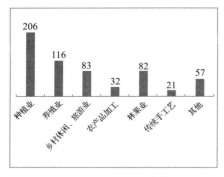

图 2.4　特色产业分布

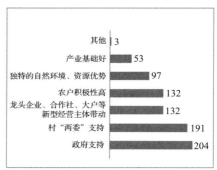

图 2.5　特色产业成功经验

3．一些相对优秀的特色产业示范区

在调查过程中发现，特色产业的定位及发展具有很强示范性，下面将简要介绍一些相对优秀的特色产业项目，以供参考与学习。（1）**天津市蓟州区示范区**。天津市蓟州区示范区 14 个项目村中有 5 个村庄能够依托当地独特的农业资源、生态资源和产业基础，在乡村休闲旅游业和林果业等领域发展特色产业，并且特色产业对农户就业和收入的带动作用较为明显，有 1 个项目村特色产业带动农民收入增加超过 5000 元。在发展特色产业的 5 个项目村中，特色产业产值占全村总产值比重均超过 50%，并且 5 个项目村特色产业带动农户就业的平均比例超过 50%。（2）**河南省新县示范区**。河南省新县示范区发展创客小店 24 家，培育特色民宿 20 家、农家乐 8 家，通过一批返乡创业人才的示范带动，实现民宿产业进庄、人才就业在当地、致富创收有保障，为全乡经济发展注入新的活力。2019 年大塆游客接待量突破百万人次，旅游综合收入达 8500 万元。（3）**山东省沂源县示范区**。山东省沂源县示范区有 3 个项目村特色产业产值占全村总产值比重达到 70%，有 2 个项目村特色产业带动劳动力就业的比例高达 80% 以上，有 3 个项目村特色产业带动农户人均收入增加 10000 元以上，对农户就业和收入的带

动作用也较为明显。（4）云南省镇雄县示范区。云南省镇雄县碗厂镇以竹笋、天麻、魔芋为特色产业发展，特色产业产值占总产值比重达 80%，特色产业从业人数占劳动力比重达 97%。杉树乡以竹笋、天麻为特色产业发展，特色产业产值占总产值比重为 28%，特色产业从业人数占劳动力比重为 20%。（5）福建省建宁县示范区。福建省建宁示范区 10 个项目村均有特色产业，特色产业主要分布在种植业、林果业和乡村休闲旅游业等领域。特色产业对村级经济、农户就业和收入的带动作用较为明显，8 个项目村特色产业产值占全村总产值的比例超过 80%；8 个项目村特色产业带动就业的人口数占总人口数的比例超过 70%；在特色产业带动农户人均收入增加额方面，4 个项目村超过 10000 元，5 个项目村达到 3000 元。

4．特色产业在定位中难以开启，且在发展中缺乏组织创新

（1）特色产业定位的开启难，关键在于资金支持。根据调研访谈反映，特色产业定位的首要问题是如何开启的问题。乡村振兴中寻找特色产业定位的资金需求量极大。虽然国家每年给予农业农村的巨大资金支持，但基础设施建设对资金的需求往往较大，会逐渐稀释对非基础设施建设项目的投入。所以，虽然对"三农"领域投入不断增加，但支持缺口较大的情况依然存在。因此目前的现状是：在示范区范围内，仍有许多乡村没有为自己特色产业找到一个准确的定位。在影响产业定位开启的因素中，资金支持是排在第一位的。据统计，在所有项目村中，有 190 个村认为特色产业的定位需要资金的大力支持，资金约束在所有因素中处于领先地位（图 2.6）。资金的约束限制了特色产业的开启，进而影响了示范区的带动作用。以上

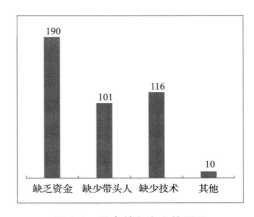

图 2.6　没有特色产业的原因

海市崇明区为例，崇明区项目示范区内的特色产业发展缓慢，对农户收入的带动作用不够明显。项目示范区涉及的 7 个项目村，仅 3 个项目村具有特色产业，主要集中在种植业、乡村旅游和林果业，没有形成多元化的特色产业链。在具有特色产业的 3 个项目村之中，特色产业产值占全村总产值比重80% 的有 1 个项目村，有 2 个项目村不超过 20%。特色产业带动劳动力就业的比例在 50% 以上的只有 1 个项目村，2 个项目村都不超过 10%。（2）在特色产业的定位之后，缺乏通过组织创新来解决产业的发展问题。以传统农耕为例，中国农民平均承包耕地 8 亩，通过不同的组织创新模式，可以保持小农承包权不变，实现区域专业化和区域规模化，更好地解决小农生产与大农市场的矛盾。根据产品特点和地域特点，在实践中形成了公司加农户、农村专业技术协会、新型农村合作组织等几种新型组织方式。近年来，出现了经营权流转、股份合作、替代经营、土地经营、企业农民合伙等新机制。这些措施的最终目的都是引导现有小农在农产品标准化、优质化、规模化等方面满足大市场的需求，并在此过程中满足农民增收的要求。因此完成特色产业的精准定位之后并不意味着特色产业自然就会过渡到产业振兴的轨道中去，如何延伸特色产业的价值链，如何吸引发展特色产业的优秀人才以及如何解决特色产业在革命老区发生的"空间"错位问题将逐渐成为制约特色产业发展的重要环节，这就需要在政府推动的组织创新的安排下来解决这一系列难题。革命老区大多处于深山地区，然而这种区域内的山沟经济形态严重缺乏优质的市场条件，比如产业适度集聚、供需有效对接、要素自由流动等基本的市场条件在传统的组织安排下很难在山沟经济中得以实现，也就很难解决特色产业在革命老区发生的"空间"错位问题。传统的组织安排如科层制的行政组织，又如依靠宗族和血脉连接的家族组织，这些传统的依靠自上而下组织安排来动员资源的能力在山沟经济中均无法较快地解决其优质市场条件缺乏的问题，这难以促成特色产业走向"小产品大产业"。对此，急需实施新的组织创新方式来打破传统的组织安排，为革命老区特色产业的发展注入新的机制。

5．不同地区特色产业对农户收入和就业的带动作用大相径庭

就业是最大的民生。如何发展当地特色产业带动群众就业致富，是习近平总书记近年来在地方考察的重要内容之一。在全国范围内，不乏优秀的以特色产业带动就业的案例，例如福建省沙县以沙县小吃业作为第三产业的支柱，使之成为新的经济增长点，沙县小吃走出福建、覆盖全国、奔向世界。如今，福建沙县有 6 万多人外出经营餐饮，辐射带动 30 万人创业致富，沙县农民人均年收入由 1997 年的 2805 元增长到 2020 年的 21855 元。在示范区范围内同样也不乏在特色产业带动就业方面取得卓有成效的区县。以天津市蓟州区为例：示范区 14 个项目村中有 5 个村庄能够依托当地独特的农业资源、生态资源和产业基础，在乡村休闲旅游业和林果业等领域发展特色产业，有 1 个项目村特色产业带动农民收入增加超过 5000 元，在发展特色产业的 5 个项目村中，特色产业产值占全村总产值比重均超过 50%，并且 5 个项目村特色产业带动农户就业的平均比例超过 50%。但除了类似天津、福建这样经济发展本身较好的省份外，其他省份内的示范区往往因产业规模小、产业链增值空间低等各种原因导致特色产业带动收入和就业效应并不明显。

（四）在产业经营方面，品牌建设相当薄弱，新型经营主体不断壮大

中国农业已经全面进入全球经济竞争格局，农业品牌的创建，不仅能提升农业行业整体形象，更能增强农产品的市场竞争力，实现农业增效、农民增收，甚至推动一个地区的发展。强化农产品品牌建设主要集中在生产环节，要求生产经营者从供给角度出发，加强优质供给、减少无效供给、扩大有效供给，增强供给的灵活性和适应性，提高全要素生产率，更好地满足市场需求。整体来看，示范区内农产品产业经营呈现以下特点：

1．品牌建设整体上发展相当薄弱，但在部分地区发挥了较强的带动作用

从合约期限的角度讲，品牌建设是生产者与消费者签订的一种长期合入驻把深山沟里野生药材之类的宝贵资源通过发明一种助眠枕头转化成村里一种新兴产业，成功实现了；二是借助网络直播完成"山沟"与大市场的对接。助眠枕头的成功研发并非意味着资源价值的回归与变现，供给与需求的有效衔接才能最终完成野生药材这种稀缺资源的"资本化"。第一书记带领全村人民尝试了第二种组织创新，即通过网络直播让助眠枕头链接云端进而进入消费者视野，这种组织形式显然解决了产品的时空错位。因此，探索新的组织方式来解决革命老区的资源、要素和产品在供需上的存在"空间"错位问题，是实现乡村产业兴起、定位和兴旺的重要着力点。若从这个角度来重新审视乡村振兴在全国范围内存在的南北差异，"空间"错位的差异依然是南北差异的重要解释变量。因此，从全国推进乡村振兴的整体上来看，乡村振兴的南北差异本质上也是市场发育的差异，市场发育的差异很大程度上来自要素和产品供需的"空间"错位，可以考虑利用促进南北要素和产品衔接的组织创新来解决北方乡村振兴的不均衡问题。

（二）壮大集体经济，赋予产业兴旺的社会属性

乡村振兴要注重融入共同赋予的治理机制。在推动乡村产业振兴的过程中，通过特殊的制度安排为产业兴旺赋予更多的社会属性，首当其冲的是通过壮大集体经济用以推动乡村集体成员共同富裕。中共中央、国务院《关于稳步推进农村集体产权制度改革的意见》中强调"坚持农民集体所有不动摇，不能把集体经济改弱了、改小了、改垮了"。一方面，《中华人民共和国土地管理法》规定农村土地属于农民集体所有，乡村经济发展很大程度上依靠的自然资源所具有的集体所有本质，让集体经济在农村存在着必然性；另一方面，农村集体经济在管理集体资产、开发集体资源、服务集体成员方面所具有的公共性特点，易受自然因素影响的小农经济具有一定的保障作用。因此，农村集体经济的发展在乡村振兴中占据重要位置，也是发展的必然趋势。

壮大农村集体经济首先需要深化农村集体产权制度改革。在集体土地

方面，深化农村土地制度改革，落实农村土地集体所有权、农户承包权、土地经营权"三权分置"办法，在引导农村土地经营权有序流转的基础上，更加注重发展服务带动型适度规模经营模式。深化宅基地制度改革，在不能侵犯农民的土地权益，包括不减少粮食生产能力、不减少耕地数量的前提下，盘活用好闲置宅基地，通过出租、出让的方式，主要用于新产业、新业态的发展。扎实推进农村集体产权改革，在清产核资工作已经完成的基础上，全面开展集体经济组织成员身份确认、股权量化等工作，研究赋予农村集体经济组织特别法人资格的办法。培育壮大农村集体经济，妥善开展资源变资本、资金变股金、农民变股东、自然人农业变法人农业改革，打造服务集体成员、促进普惠均等的农村集体经济组织，大力发展乡村产业。

（三）深化土地制度改革，为产业落地提供重要载体

欠发达革命老区乡村振兴战略实施中遇到的土地问题主要有以下三点：（1）"建设用地机动指标"与"永久基本农田指标"的冲突。自然资源部于2019年印发的《关于加强村庄规划促进乡村振兴的通知》中明确指出可在乡镇国土空间规划和村庄规划中预留不超过5%的建设用地机动指标，但之前实施永久基本农田保护政策在划定过程中"宽城紧乡"的编制办法为预留"建设用地机动指标"设置了难以突破的限制。目前绝大部分乡村土地都已被划定为永久基本农田，"建设用地机动指标"难以保障欠发达革命老区乡村振兴战略顺利实施。（2）"盘活存量"与"增减挂钩"的冲突。原则上乡村可以通过土地整治来盘活存量土地以解决自身建设用地不足问题，但城乡建设用地"增减挂钩"政策为城市建设挤占农村盘活出来的建设用地提供了重要契机。在由县政府统筹建设用地计划配置情况下，乡村难留住"盘活指标"，县政府通过"增减挂钩"政策拿走"盘活存量"指标，欠发达革命老区乡村建设用地指标再次受到挤压。（3）土地产权残缺与人才、资金"下乡"的冲突。农村宅基地具有不完整的"用益物权"和"集体

物权"，宅基地转让和出租范围局限于集体成员内部，还被排除在充当担保物之外。残缺的土地产权，一方面限制了欠发达革命老区乡村振兴人才流入，另一方面限制了欠发达革命老区乡村融资能力以及吸引外来资本的能力。

据此，需要推动土地制度方面的改革如下：（1）"建设用地机动指标"与"二地整治"挂钩。为保证村集体能够预留不超过 5% 的建设用地机动指标，建议村集体通过"土地整治"而结余的建设用地用指标来优先补充并满足建设用地的机动指标，并建议土地规划部门对这一指标进行一定年度限制的冻结期限，因为即使当前没有产业落地的需求，不能排除后续发展的需求，若等置换出去，再置换回来必然更加困难。（2）"盘活存量"指标在乡镇范围内实施"增减挂钩"。为防止城市部门的城市建设和工业化建设与乡村振兴争夺稀缺的建设用地指标，建议更改城乡建设用地"增减挂钩"的政策为乡镇范围内的"增减挂钩"，这样可以把建设用地的"盘活存量"指标留在村集体层面并更好地服务于乡村振兴建设项目。若要同时兼顾城镇化和乡村振兴两大战略用以满足城乡融合发展，可以为"盘活存量"在城乡之间的流动设定一个固定比例，用来平衡国有土地和集体土地的分配。（3）推动"乡镇工业园区"建设。农产品加工和乡村特色产业对产业集聚的依赖性较强，建议在一些适合发展农产品加工和乡村特色产业的地区，在乡镇范围内集中建设用地指标，用以建设"乡镇工业园区"，以此实现产业聚集。这样可以通过规模效应发挥建设用地的节约，避免乡村产业的分散布局产生的粗放、滥用和成本过高的缺点。由各村集体集中而来的建设用地指标可以以入股的形式参与园区建设，也可以实现产业和土地指标同时入驻工业园区。（4）推广"点状供地"。乡村生态旅游产业实际占用的建设用地较少，且适合融入周围生态环境。建议在一些适合发展乡村生态旅游产业的地区，大力推广"点状供地"的土地供给政策。"点状供地"明显不同于以往的"块状工地"，它以建筑面积作为建设用地供给的重要依据，而与建筑物相配套的土地仍保留原来土地性质即可。这种做法不仅可以有效降低城市部门和农村部门在利用建设用地指标上的拉锯竞争，同时还可以把生态旅游项目真正融入乡村原始生态环境中去。比如，北京房山区一生态旅游项目在苦于拿不到建设用地建停车场时，通过平整林地中的空隙来容纳汽车的停留，既不改变林地的性质，又解决了游客停车的问题。（5）积极探索赋予乡村宅基地"用益物权"和"担保物权"。在赋予乡村宅基地"用益物权"和"担保物权"的同时，更要注重与此相关配套政策的设计与实施。比如，我国于2015年以来在59个试点县开展的农村住房财产抵押贷款试点改革，这一改革很难受到金融机构的青睐，因为我国《民法典》规定房屋和建设用地使用权须一并抵押，而试点地区的宅基地在政策上尚无法抵押，这显然是制度不配套的原因。因此，要注重相关配套政策的建设与完善，如设立健全的农村宅基地评估机构、优化宅基地抵押贷款程序、建立规范的风险分担处置机制、设立风险调节与补偿机制等。

（四）加强人才队伍建设，为产业振兴提供人才支撑

对于产业振兴来说，人才资源稀缺是大多农村必须面对的现实情况。不论是在待遇、社会保障还是未来发展方面，农村对人才的吸引度在当下的发展阶段依旧不足。首先，注重人才队伍的建设。建设一支"懂技术、善经营、会管理"的乡村产业经营人才队伍。着力提升农业从业者的人力资本，打造"有爱农情怀，有工匠精神，有创新意识，有社会责任"的人才队伍。面向农村新产业、新业态，优化从业者队伍结构，加快建设知识型、技能型、创新型农业经营管理人才队伍。支持实施"本土农业高层次人才"培育工程，重点在农业企业负责人、农民合作社带头人、家庭农场主、农业服务组织负责人、农村民宿负责人等生产经营能手中遴选一批特色产业发展的领军人才。重点培养乡村产业经营管理人才，引导树立现代企业管理、产业融合发展、绿色生态发展等理念，提升决策经营管理能力，成为引领乡村产业发展的主力军。深化乡村创新创业人才培育，孵化一批"农创客""青

创客"，为农业农村发展注入新鲜"血液"、新生力量。加强农业科技人才培育，培育一批现代种业、农业科技、设施装备、信息技术等科技研发、应用、推广队伍，提升农业科技水平，加快推进乡村产业升级。其次，注重人才的引进。完善人才引进政策条例，完善专业人才统筹使用制度、合理用人制度、人才流动制度、城乡劳动者平等就业制度等，保障优秀人才在职称评定、工资福利、社会保障等方面的权益。鼓励各类人才、市民通过下乡担任志愿者、投资兴业、包村包项目、行医办学、捐资捐物、法律服务等方式服务乡村振兴事业。最后，创新组织方式，交互利用人才。人才服务于乡村振兴不一定等于人才落地乡村，应当更加发挥制度设计的作用，如设计设计人才流动站、教授工作站等汇集各领域的专业技术人才，充分利用高校、科研机构、企业等资源，利用集体的力量弥补农村人才不足问题，同时也不会造成过大的压力。

设方面。截至 2020 年底，全国累计选派 25.5 万个驻村工作队、300 多万名第一书记和驻村干部、53.7 万名大学生村官，这些从事基层治理的乡村人才在脱贫攻坚和乡村振兴中都作出了积极贡献。

3. 农业科技人才队伍壮大

农业科技人才总量逐步增加，结构逐步优化，农业科研体系进一步完善。总量方面，截至 2021 年底，全国农业科研机构从业人员达 7.23 万人，农技推广机构达到 5 万个，农技推广人员约 50 万人。结构方面，农业科研人才中急需紧缺、高级职称的人才稳步增加，农技推广人员中中级技术职称、大专及以上学历的比例逐年增加，知识技能水平进一步提高。经过一系列改革，中央、省、地三级农业科研机构系统逐步稳固。目前，地市级以上农业科研机构的数量达 974 个，建成了机构数量、人员规模、产业和学科覆盖面均为全球之最的农业科技创新体系。

4. 公共服务人才稳步提升

以乡村教师、乡村医生为主的农村公共服务人才，高学历、高技能人才占比逐步增加，队伍素质和稳定性进一步提升。农村小学学校专科及以上学历教师比例为 93.8%，基本和城市地区持平；农村初中学校本科及以上学历教师比例为 81.1%，与城市地区差距缩小到 10 个百分点。《乡村教师支持计划（2015—2020 年）》实施后，乡村教师每月实际收入水平已高于县城教师，83.5% 的乡村教师愿意继续留任乡村学校任教，乡村教师队伍稳定性加强。乡村医生数量稳定增加，2020 年，每万农村人口中卫生技术人员为 148.1 人，而 2010 年只有 97.3 人，每万农村人口中卫生技术人员人数增加了一半以上。

（二）乡村人才的总体需求

乡村人才振兴服务于乡村振兴，人才振兴总体目标紧密围绕乡村振兴阶段性目标展开。2022 年，乡村人才振兴所需的制度框架和政策体系健全完善，人才短板基本补齐，满足乡村振兴发展的核心需求。2035 年，乡村人才振兴取得决定性进展，人才短板全面补齐，基本满足农业农村现代化需要。2050 年，乡村人才振兴整体实现，全面满足农业农村现代化需要。

总体来看，到 2035 年，为了实现乡村振兴取得决定性进展，基本满足农业农村现代化需要，乡村人才占就业人口比重需要达到 16%，总量达到 3918 万人；职业农民占农业就业人口比重达到 22%，总量达到 2301 万人，职业农民中高中及以上学历占比达到 50%；农业科技人才每万人农业人口对应数量达到 80 人；乡村教师义务教育阶段本科及以上学历占比达到 80%；乡村医生中执业医师每千人乡村人口对应数量达到 2.97 人，总量达到 124 万人。

到 2050 年，为全面实现乡村振兴战略，满足农业农村现代化需要，乡村人才占就业人口比重需要达到 22%，总量达到 4169 万人；职业农民占农业就业人口比重达到 70%，总量达到 2450 万人，高中及以上学历占比达到 65%；农业科技人才每万人农业人口对应数量达到 100 人，达到发达国家的平均水平；乡村教师义务教育阶段本科及以上学历占比达到 85%；乡村医生中执业医师每千人乡村人口对应数量达到 4 人，达到发达国家平均水平，总量达到 134 万人 [4]。

（三）乡村人才振兴面临的主要问题

面对乡村人才振兴的迫切需求，我国乡村人才队伍建设依然存在很大的不足和问题。人才瓶颈仍然是乡村振兴战略最大的制约。

1．人才扶持存在激励不足性

长期以来，农村人才呈现单向流动趋势，大量人才流动到城市，同时又无法吸引城市的人才下乡，农村成为人才"洼地"。城乡差距包括城乡收入、公共设施、公共服务、公共投资四个方面的差距过大是导致农村人才单向流动到城市的主要原因。要想留住本地人才、吸引外地人才就需要提供足够的激励。虽然国家针对一些乡村人才队伍，如新型职业农民、乡村教师、医生等加大了政策扶持力度，但是由于整体激励不足，政策目标不精准，配套政策不到位，结果导致政策落实出现偏差，乡村人才总体培养效果不佳。乡村人才队伍仍然呈现总量不足，结构不合理，整体素质偏低的突出问题。

2. 职业教育存在体系缺陷性

农民职业教育是乡村振兴所需人才供给的重要渠道。当前的农民职业教育体系建设普遍存在缺陷，严重影响其人才供给作用的发挥。农民职业教育培训主体市场竞争性不足、考核科学性不强，导致职业教育整体质量低下，无法为乡村振兴提供强有力的人才支撑。现行培训主体秉承一主多元，即以农广校、涉农院校、农业科研院所、农技推广机构等各类公益性培训机构为主，辅以农业企业、农民合作社、行业协会等市场主体。大量培训资源掌握在各类政府机构中，缺乏统一规划管理，职业教育和科技培训资金统筹协作不足，存在教育培训内容与对象脱节或重复现象。由于市场竞争和监管不到位，培训考核重数量轻质量，农民职业培训课程设置与市场需求不符，培训质量不高，培训效果不佳，培训资金使用效率低，农民培训满意度低。

3. 培养对象存在群体片面性

乡村振兴所需的人才从群体分类来看呈现多元化特征，不仅包括男性群体，还包括女性群体；不仅包括农业劳动力群体，还包括农业后继者即未成年人学生群体。乡村人才培养存在群体片面性，其中女性群体、学生群体的培养力度明显不足。从性别来看，农村女性是乡村振兴的一支重要力量。根据第三次全国农业普查，2016 年农业生产经营人员中女性占到 47.5%；2016 年末全国新型职业女农民共 333 万人，占总体新型职业农民的 23.8%，并且呈增加趋势。而全国新型职业女农民的培养却仍然呈现示范、试点局面，到 2018 年试点仅扩展到河北、山西、甘肃等 10 个省（区、市）的部分市、县，培训经费和数量所占比例严重低于新型职业女农民实际所占比例。从年龄阶段来看，现有的乡村人才培养政策集中在现有劳动力阶段，忽视了农业后继者尤其是学生群体的培养。农村从幼儿园到大学各个教育阶段，从学校教育、家庭教育到社会教育各个教育领域，从学业教育甚至到职业教育，都存在着强烈的"离农"价值取向。乡村人才培养忽视长远收益，人才队伍面临长期供给不足问题。

4．人才建设存在主体弱质性

乡村人才在乡村振兴中具有示范带动效益，但是乡村振兴的受益主体、建设主体、治理主体仍然是广大的农民群众。现有的乡村人才建设包括规划、管理、培训、评价等政策制定都缺乏农民主体的参与性。乡村人才的建设运动仍然是"自上而下"的政府行为，没有充分吸收"自下而上"的农民意愿和决策，乡村人才的发现、培养、激励、流动都不能深刻地体现农民自身发展的需求，更多体现的是政府的计划意识。农民主体参与的弱质性，不仅导致了农村内部人才成长不足，同时也导致外部引进人才发展不足。

（四）实现乡村人才振兴的政策建议

乡村人才振兴是一项长远、全面的系统工程，涉及各领域各专业的人才培养。基于目前乡村人才振兴面临的主要问题，提出以下乡村人才振兴的政策建议。

1．分类培育和激励各类乡村人才

乡村振兴所需的各种人才的成长环境、地域需求不同，导致他们的培养机制和激励重点也应有所不同。在一些具备地域优势和产业优势的地区，对创新创业人才（如返乡农民工、外来创客、企业负责人等）需求更为旺盛，在引进这些人才的同时，重点培育其企业家精神，政府应给予他们更多配套的宽松的创业政策，如土地、贷款、税收、保险等支持，以便他们能够以较小的成本和风险从事新产业新业态。公共发展人才，如广大的乡村教师、医生，政府应该侧重基础待遇和社会福利保障，尤其是在边远贫困、边疆民族地区，通过政策支持加大公共发展人才的招募及培育。乡村治理人才，如乡镇干部、第一书记、大学生村官，政府应更加注重选拔任用环节，根据不同乡村振兴的发展需要，匹配更优的外来治理人才，加强干部队伍的培养、配备、管理、使用，引导优秀治理人才向农村基层一线流动。

2．积极重构和完善职业教育体系

乡村人才振兴需要发挥农民职业教育优势，构建科学的农民职业教育体系。统筹各类政府机构、地方各级教育培训资源，统一规划农民职业教育投入，避免教育培训对象、培训课程的重复，节约职业教育培训资金。改革农民职业教育的管理体制，推进政府主导、市场参与的培训体系建设，提高培训质量监管，予以各培训主体更加科学、全面的考核和激励。围绕乡村振兴人才建设的需要，促进培训主体满足农民学历教育和技能培训的需求；大力培育新型职业农民，促进乡村现代农业的发展，同时开展非农专业培训，满足乡村其他产业发展和振兴需要，全面提升广大农民知识与技能，科技文化素质和职业发展能力。

3．大力引导和培养不同群体参与

基于女性群体、学生群体在乡村人才振兴中的重要性，政府应加大对这些群体的人才培养和建设工作。可以借鉴日本、韩国在农村振兴运动中的人才培养经验。比如，日本规定培训学校给予每个村三个参训名额中必须包含一名女性；日本每年组织城市学生到农村交流，组织农村中学生去外地参观学习，定期派农村大学生、家庭妇女去国外访问考察，开阔视野；韩国每年定期组织中小学生到农业振兴厅和农业协会等地参观，组织大中学生到农村参加实践锻炼，强化"农业天下之大本"的意识。由此可见，只有将农村的基础性义务教育与多元化教育培训有效地结合起来，才能够大幅度提高所有农民群体的综合素质，从而更加全面、持久地推进乡村振兴人才队伍建设。

4．充分重视和保障农民需求决策

乡村振兴是所有农民共同的建设事业，乡村振兴的人才培养需要充分重视农民的实际需求，保障他们人才培养需求的决策作用。政府要组织农民开展广泛的讨论、商议、决策，尊重他们的人才培养需求，为他们提供自身发展所需的各类培养计划、培训课程、优秀师资和跟踪服务，尤其是与人才成长环境相适应的政策福利。政府要明确乡村振兴最终的目的是乡村人才的振兴，逐步形成"由下而上"的人才培养动力和与其相适应的人才培养机制，充分保障广大农民在人才培养中的主动权和发言权，提升他们的内生发展动力，保障乡村人才建设的内在性和持续性。

二、革命老区人才相关政策梳理

（一）中央部门涉及革命老区相关人才政策梳理

中组部等 10 部门 2011 年印发的《边远贫困地区、边疆民族地区和革命老区人才支持计划实施方案》要求："从 2011 年起至 2020 年，每年引导 10 万名优秀教师、医生、科技人员、社会工作者、文化工作者到'三区'工作或提供服务。每年重点扶持培养 1 万名'三区'急需紧缺人才。"具体计划包括："教师专项每年选派教师约 3 万名，培养 3000 名；医务工作者专项每年选派医务工作者约 3 万名，培养 2500 名；科技人员专项每年选派科技人员约 2 万名，培养 2500 名；文化工作者专项每年选派文化工作者约 1.9 万名，培养 1500 名；社会工作者专项每年选派社会工作者 1000 名，培养 500 名。教育部、卫生部、科技部、文化部、民政部分别牵头负责教师专项、医务工作者专项、科技人员专项、文化工作者专项、社会工作者专项的组织实施。支持范围：以县为基本单元，主要是国家确定的连片特困地区覆盖的县、国家扶贫开发工作重点县和省级扶贫开发工作重点县，以及新疆生产建设兵团困难团场。针对西藏、新疆和四川、云南、甘肃、青海四省藏区实际，各专项可制订专门计划，实行相对特殊的组织形式和政策措施。"

2012 年，教育部等五部门印发《边远贫困地区、边疆民族地区和革命老区人才支持计划教师专项计划实施方案》明确："受援县义务教育阶段教师选派工作经费由中央财政和地方财政按照年人均 2 万元标准共同分担，其中：西部省份由中央财政负担；中部省份由省级财政和中央财政按 1∶1 比例分担；东部省份由省级财政自行负担。选派工作经费主要用于向选派教师发放工作补助、交通差旅费用及购买意外保险费等补助。中央财政应分担的选派工作经费采取据实结算的方式。其他教育阶段教师选派工作经费由派出地负责。"

2012 年，文化部等五部门印发的《边远贫困地区、边疆民族地区和革命老区人才支持计划文化工作者专项实施方案》中规定："选派工作经费按每人每年 2 万元标准补助，用于购买人员保险、按规定解决差旅费等；培养工作经费按照每人每天 120 元标准补助，用于教育培训、按规定解决差旅费等。中央财政对选派人员和受培人员的补助，统一以受援县所在省份划分，所需经费由中央地方财政按比例负担。中央财政分别负担中部地区、西部地区的 50% 和 100%，东部地区自行负担。"

2014 年科技部等 5 部门印发《边远贫困地区、边疆民族地区和革命老区人才支持计划科技人员专项计划实施方案》要求："选派工作经费按照每人每年 2 万元标准补助，培养工作经费按照每人每天 120 元标准补助，所需经费由中央地方财政按比例负担。中央财政分别负担中部地区、西部地区的 50% 和 100%，东部地区自行负担。"

2018年9月，中共中央、国务院印发《乡村振兴战略规划（2018—2022年）》，规划中特设"乡村振兴人才支撑计划"专栏，内容包括农业科研杰出人才计划和杰出青年农业科学家项目、乡土人才培育计划、乡村财会管理"双基"提升计划、"三区"人才支持计划。

2020 年，中共中央组织部、人力资源社会保障部等十部门《关于实施第四轮高校毕业生"三支一扶"计划的通知》（支教、支农、支医和帮扶乡村振兴）：每年选派 3.2 万名左右，累计选派 16 万名，并结合就业形势和"三支一扶"事业发展需要，适时合理调整"三支一扶"计划补助名额……创新岗位开发模式，继续开发基层教育、卫生、农业、社会保障等服务岗位。加大社会工作、文化旅游、乡村规划、农技推广、法律服务等乡村振兴急需岗位开发力度。大力开发乡镇（流域）水利管理、林草资源管理、生态修复工程、营林生产等生态文明建设服务岗位。鼓励探索设置乡村振兴协理员等岗位。《人力资源社会保障部办公厅 财政部办公厅关于做好 2022 年高校毕业生"三支一扶"计划实施工作的通知》：2022 年，中央财政支持招募"三支一扶"人员 3.4 万名，鼓励有条件的地方结合实际适当扩大招募规模。贯彻巩固脱贫攻坚成果同乡村振兴有效衔接的决策部署，招募计划向乡村振兴重点帮扶县、脱贫县、易地扶贫搬迁大型和特大型集中安置区所在县倾斜，向革命老区、民族地区、边疆地区等艰苦边远地区倾斜，对国家乡村振兴重点帮扶县实行计划单列。紧贴全面实施乡村振兴战略需要，深入挖掘基层事业发展急需紧缺岗位，积极拓展乡镇（流域）水利管理、乡村建设助理员、野生动植物保护等服务岗位……继续实施"三支一扶"人员能力提升专项计划，2022 年中央财政支持培训 8000 人次，其中乡村振兴主题培训 5000 人次，并按 3000 元每人次标准给予补助……2022 年，中央财政按照东部地区每人每年 1.2 万元、中部地区 2.4 万元、西部地区 3 万元（西藏、新疆南疆四地州 4 万元）和一次性安家费每人 3000 元的标准给予补助。

2021 年 5 月，中共中央组织部、人力资源社会保障部等十部门《关于实施第四轮高校毕业生"三支一扶"计划的通知》（支教、支农、支医和帮扶乡村振兴），提出目标任务：每年选派 3.2 万名左右，累计选派 16 万名，并结合就业形势和"三支一扶"事业发展需要，适时合理调整"三支一扶"计划补助名额。用五年时间，为基层输送和培养一批急需紧缺的管理人才、专业人才和创新创业人才，着力构建"下得去、留得住、干得好、流得动"的长效机制。

2022 年中央一号文件《关于做好 2022 年全面推进乡村振兴重点工作的意见》明确：做好国家乡村振兴重点帮扶县科技特派团选派，实行产业技术顾问制度，有计划开展教育、医疗干部人才组团式帮扶……加强乡村振兴人才队伍建设。发现和培养使用农业领域战略科学家。启动"神农英才"计划，加快培养科技领军人才、青年科技人才和高水平创新团队。深入推行科技特派员制度。实施高素质农民培育计划、乡村产业振兴带头人培育"头雁"项目、乡村振兴青春建功行动、乡村振兴巾帼行动。落实艰苦边远地区基层事业单位公开招聘倾斜政策，对县以下基层专业技术人员开展职称评聘"定向评价、定向使用"工作，对中高级专业技术岗位实行总量控制、比例单列。完善耕读教育体系。优化学科专业结构，支持办好涉农高等学校和职业教育。培养乡村规划、设计、建设、管理专业人才和乡土人才。鼓励地方出台城市人才下乡服务乡村振兴的激励政策。

2022 年 5 月，中办、国办印发《乡村建设行动实施方案》提出要"强化人才技术标准支撑。加快培育各类技术技能和服务管理人员，探索建立乡村工匠培养和管理制度，支持熟悉乡村的专业技术人员参与村庄规划设计和项目建设，统筹推进城乡基础设施建设管护人才互通共享"。

（二）革命老区振兴规划和政策中有关人才的梳理

2012 年，《国务院关于支持赣南等原中央苏区振兴发展的若干意见》中专门提到了"人才政策"，要求："加大东部地区、中央国家机关和中央企事业单位与赣南等原中央苏区干部交流工作的力度。鼓励中央国家机关在瑞金设立干部教育培训基地。国家重大人才工程和引智项目向原中央苏区倾斜，鼓励高层次人才投资创业，支持符合条件的单位申报建立院士工作站和博士后科研工作站。"

2012 年，国家发改委印发《国务院关于陕甘宁革命老区振兴规划的批复》，在"人才开发"一节中提出："优化人才开发体制环境，鼓励有关地方和部门积极探索，建立健全吸引、留住、用好人才的机制。依托延安大学、榆林学院、陇东学院、宁夏师范学院等高等院校和中石油、神华、华能等大型企业，以重大项目和基地建设为载体，积极培养高层次专业技术人才、高技能人才，创新型、实用型技能人才，农业技能人才和农村实用人才。创新人才引进机制，实行引进资金、项目与引进技术、人才相结合，充分利用外部人才资源。对引进的各类急需人才，在工作条件、生活待遇方面给予必要支持。在实施边远贫困地区、边疆民族地区和革命老区人才支持计划时，适当向陕甘宁革命老区倾斜。组织开展从中央、国家机关选派优秀干部和人才到陕甘宁革命老区交流任职或挂职锻炼。鼓励东中部地区和陕甘宁革命老区互派干部、人才挂职锻炼。"

2015 年，国家发改委印发《左右江革命老区振兴规划》，其中关于"创新人才体制机制"提出："加大东中部地区、中央国家机关、中央企业与老区开展干部双向挂职、任职交流工作的力度。支持老区开展人才管理改革试验。继续加大国家重点人才和引智项目向老区倾斜力度。增加老区高级人才、大学生志愿服务西部计划、农村义务教育阶段学校教师特设岗位计划的招聘和选派名额。"

2016 年，国家发改委印发《川陕革命老区振兴发展规划》专门就干部人才政策作了要求："加大中央国家机关和企事业单位、东部发达地区与老区干部双向挂职、交流任职工作力度。选派机关优秀干部到贫困村和治理薄弱村任职，增加老区大学生志愿服务西部计划、农村义务教育教师特设岗位计划的名额。继续加大国家重点人才和引智项目向老区倾斜力度。支持和鼓励高等学校、科研院所、职业学校相关科技人员到老区创业与服务。落实老区农村基层干部、教师、技术人员待遇政策。适当增加老区征兵指标，鼓励和支持更多的优秀退伍军人留在老区工作。"

2016 年，中办、国办印发《关于加大脱贫攻坚力度支持革命老区开发建设的指导意见》，提出"加强农村电商人才培训"和"支持贫困老区加快普及高中阶段教育，办好一批中等、高等职业学校，逐步推进中等职业教育免除学杂费，推动职业学校与企业共建实验实训平台，培养更多适应老区发展需要的技术技能人才"，同时还要求"促进干部人才交流和对口帮扶"："推进贫困老区与发达地区干部交流，加大中央和国家机关、中央企业与贫困老区干部双向挂职锻炼工作力度，大力实施边远贫困地区、边疆民族地区和革命老区人才支持计划。研究实施直接面向老区的人才支持项目，支持老区相关单位申报设立院士工作站和博士后科研工作站。深入推进中央企业定点帮扶贫困革命老区县'百县万村'活动，进一步挖掘中央和省级定点扶贫单位帮扶资源，逐步实现定点扶贫工作对贫困老区全覆盖。制定优惠政策，鼓励老区优秀青年入伍，引导优秀退役军人留在老区工作。加快建立省级政府机关、企事业单位或省内发达县市对口帮扶本省贫困老区的工作机制。"

2021 年 2 月，国办印发《国务院关于新时代支持革命老区振兴发展的意见》提出："支持地方完善人才政策和激励机制，加大人才培养和引进力度，在科技特派员制度创新等方面先行先试，深入推进大众创业、万众创新。"

2022 年 5 月，国家发展改革委印发《革命老区重点城市对口合作工作方案》提出："东部结对城市和所在省（区、市）要在深化产业合作、重大项目建设、人才培训交流等方面给予大力支持……鼓励结对城市依托对口合作推进干部人才双向挂职交流和学习培训，促进观念互通、作风互鉴、办法互学。"

三、示范区人口、劳动力和就业情况

（一）人口

1. 总人口及贫困人口

示范区项目共调查了全国 28 个省（自治区、直辖市）的 421 个村庄，村庄人口规模存在较大差异，村庄建档立卡贫困人口平均占比近 1/5。村庄平均户籍数量为 677 户，平均户籍人口为 2561 人，建档立卡贫困户平均为 135 户，建档立卡贫困人口平均为 497 人，建档立卡贫困户占比和人口占比平均数均为 19.4%。无论是村庄人口还是村庄贫困人口，都存在较大的差异，既包含十几户的小村子，也包含上千户的大村，既包含建档立卡零户村，也包含建档立卡全户村。调查的村庄中，最小的存在户籍数量仅为 51 户，最多的达到了 3691 户；最少的村庄人口仅为 106 人，最多的达到了 14391 人。有 13 个村没有建档立卡贫困户，这些村庄分布在北京（6 个）、上海（3 个）、天津（2 个）、广东（1 个）、河南（1 个）。村庄建档立卡贫困户最多的有 1399 户，建档立卡人口最多的有 7062 人，甘肃某村全部为建档立卡人口户，建档立卡人口占比最高为 70.2%。

表3.1　村庄总人口及贫困人口基本情况

类别	平均数	最小数	最大数	类别	平均数	最小数	最大数
户籍户数（户）	677	51	3691	户籍人口（人）	2561	106	14391
建档立卡贫困户数（户）	135	0	1399	建档立卡贫困人口（人）	497	0	7062
建档立卡贫困户占比（%）	19.4	0	100	建档立卡贫困人口占比（%）	19.4	0	70.2

从调查村庄的人口中位数情况来看，村庄户籍户数为 570 户，村庄人口为 2039 人。四大地区中，中部村庄的人口中位数最低为 1442 人，西部最多为 2434 人。建档立卡贫困户占比的中位数，全国为 16.5%，东部地区最低为 8.4%，西部地区最高为 23.5%；建档立卡贫困人口占比的中位数，全国为 13.5%，东部地区最低为 5.4%，西部地区最高为 28.2%。

表3.2　村庄人口及建档立卡占比情况（中位数）

地区	户籍户数（户）	户籍人口（人）	建档立卡贫困户占比（%）	建档立卡贫困人口占比（%）
东部	559	2194	8.4	5.4
中部	417	1442	19.9	18.6
西部	694	2434	23.5	28.2
东北	544	2013	18.8	15.2
总体	570	2039	16.5	13.5

2. 常住人口

调查样本中，示范区项目支持村有4.07%的村庄常住户占比少于1/3，有33.49%的村庄常住户占比在1/3与2/3之间，有56.46%的村庄常住户占比在2/3与1之间，还有5.98%的村庄常住户大于户籍户数量，有外来户长期居住在本村。分地区来看，东北地区的村庄没有外来户居住，常住户占比最低。

表3.3　村庄常住户不同占比的村分布

地区	<=1/3	（1/3, 2/3]	（2/3, 1]	>1	合计
东部	4.29	31.9	57.67	6.13	100
中部	4.35	32.61	51.09	11.96	100
西部	4.17	31.67	60.83	3.33	100
东北	2.33	46.51	51.16	0	100
总体	4.07	33.49	56.46	5.98	100

调查样本中，示范区项目支持村有9.07%的村庄常住人口占比少于1/3，有45.58%的村庄常住人口占比在1/3与2/3之间，有38.42%的村庄常住户占比在2/3与1之间，还有6.92%的村庄常住人口大于户籍人口，有外来人口长期在本村居住。分地区来看，东北地区的村庄常住人口占比最低，仅有近1/4的村庄常住人口占比大于2/3。

3. 人口构成

民族混合村占比较多。示范区项目支持村中，仅仅一个民族的村占到42%，两个民族的村占

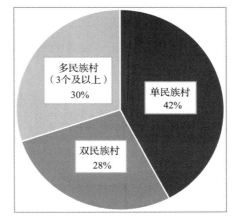

图3.1　村民族数量分布

到 28%，三个及以上民族的村占到 30%。村庄内最多的民族数量达到了
25 个。

　　单姓氏村非常少，姓氏分布具有明显差异。示范区项目支持村，单
姓氏村仅占到 0.5%，双姓氏村占到 3.7%，三个姓氏村占到 2.23%，一个
村庄最多的姓氏数量达到了 325 个，平均数量也达到了 23 个，中位数为
15 个。分地区来看，西部一个村庄内平均的姓氏数量最多为 30 个，中部
最少为 17 个；西部的一个村庄内的姓氏中位数数量最多为 18 个，中部最
少为 10 个。中部和东北地区都不存在单姓氏村，东北的一个村庄内姓氏
最少的数量为 5，中部为 2；西部村中姓氏最大的数量为 325 个，东北为
50 个。

表3.4　村庄姓氏数量情况

地区	村庄姓氏数量（个）			
	平均数	中位数	最小数	最大数
东部	21	15	1	120
中部	17	10	2	75
西部	30	18	1	325
东北	19	15	5	50
总体	23	15	1	325

　　无任何村民信仰宗教的村居多，并且村内村民的信仰比例低。示
范区项目支持村中，近 2/3（66.15%）的村所有村民都没有任何宗教信
仰，有村民信仰一个宗教的村子占到 22.66%，有村民信仰两个宗教的村
子占到 10.68%，还有 0.52% 的村子村民信仰 3 个宗教。宗教信仰中，最
多的是基督教，其次是伊斯兰教，再次是佛教和道教。在有村民信仰
宗教的村庄中，50% 的村庄村民信仰比例都低于 5%，整体信仰比例
很低。

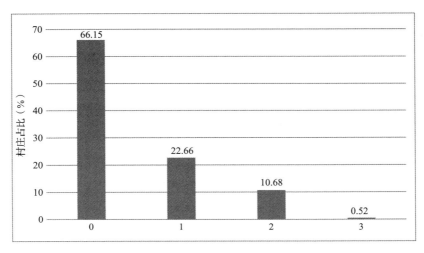

图 3.2　村民信仰宗教个数分布

村庄老龄化程度较为严重。国家统计局 2021 年公布，我国 65 岁以上人口比重达到 13.5%。示范区项目支持村老龄化程度明显高于全国。以村内户籍人口中 65 岁以上人口比重为例，示范区项目支持村中，该占比小于 7% 的村共有 6.51%，该占比在 7% 与 14% 的之间村共有 24.34%，该占比在 14% 与 30% 的之间村共有 26.67%，而该占比超过 20% 的村所占比重

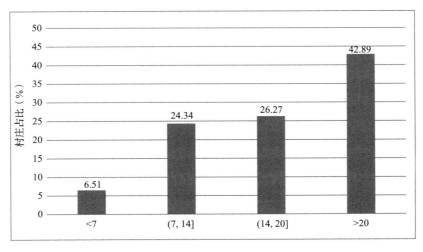

图 3.3　户籍人口中 65 岁以上的人口比重分类

达到了 42.89%。

农村"光棍"现象依然突出。示范区项目支持村中，有 1.68% 的村庄没有 40 岁以上未婚男性，其他村庄都有 40 岁以上未婚男性。从平均数来看，示范区项目支持村中，40 岁以上未婚男性的平均数量为 29 人，西部最高为 36 人，中部为 34 人，东北为 30 人，东部最低为 22 人。从中位数来看，示范区项目支持村中，40 岁以上未婚男性的平均数量为 20 人，西部（24 人）和东北（23 人）接近，中部为 20 人，东部为 15 人。从最小数可以看出，东部和西部均为 0，中部和东北最小数为 2 人。从最大数来看，全国达到 260 人，东北最低为 76 人。

表3.5   40岁以上未婚男性人口数量情况

地区	40 岁以上未婚男性人口数量（人）			
	平均数	中位数	最小数	最大数
东部	22	15	0	120
中部	34	20	2	260
西部	36	24	0	260
东北	30	23	2	76
总体	29	20	0	260

（二）劳动力与就业

1. 劳动力

常住劳动力中以农业收入为主。示范区项目支持村中，如果将常住劳动力中以农业收入为主的劳动力占比分为五组，可以看到 17.15% 的村庄超过 80% 的常住劳动力都是务农为生，20.29% 的村庄常住劳动力中务农为主的比例在 60%～80% 之间，17.63% 的村庄常住劳动力中务农为主的比例在 40%～60% 之间，其他近 45% 的村庄常住劳动力务农为主的比例低于 40%。常住劳动力中，农业收入在绝大多数村庄仍然占据了主力位置。

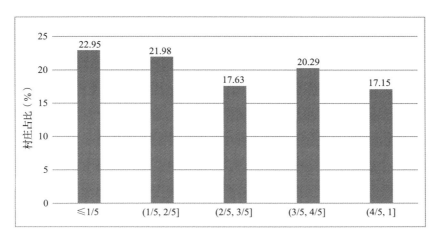

图 3.4 常住劳动力中以农业为主要收入来源的村庄占比分布

常住劳动力的技术技能和教育水平总体不高。示范区项目支持村的常住劳动力中：中职及以上占比中位数为 5%，西部地区为 8.5%，其他三个地区基本一致；接受过职业教育、技术培训的占比中位数为 10%，西部地区为 12%，中部为 10%，东部为 8%，东北仅为 2%；获得新型职业农民、高素质农民证书的占比中位数为 1%，东北地区超过一半的村庄该占比为 0；高中及以上占比中位数为 15.5%，东部地区最高为 20%，中部和西部基本为15%，东北地区为 12.5%。东北地区的彩票公益项目支持村，相比其他三个地区，村常住劳动力的人力资本最低。

表3.6 常住劳动力技术技能及受教育程度分布（中位数）

地区	中职及以上占比（%）	接受过职业教育、技术培训的占比（%）	获得新型职业农民、高素质农民证书的占比（%）	高中及以上占比（%）
东部	6	8	1	20
中部	5	10	1	15
西部	8.5	12	1	14.8
东北	5	2	0	12.5
总体	5	10	1	15.5

2. 外出务工人口

从调查样本来看，示范区项目支持村外出人口外出务工人员占比小于 1/4 的有 46.41%，外出人员占比在 1/4 与 1/2 之间的有 45.45%，外出人员在 1/2 与 3/4 之间的有 7.89%，外出人员超过 3/4 的占到 0.24%。

表3.7 外出务工人员不同占比的村分布

地区	≤1/4	(1/4, 1/2]	(1/2, 3/4]	(3/4, 1]	合计
东部	62.35	27.78	9.26	0.62	100
中部	31.18	63.44	5.38	0	100
西部	40.83	51.67	7.5	0	100
东北	34.88	55.81	9.3	0	100
总体	46.41	45.45	7.89	0.24	100

近三年来，示范区项目支持村中有 48.46% 的村庄外出务工人口减少，原因多数是由于疫情影响。四大地区中，中部和东部示范村外出务工减少的占比超过了 50%，西部为 44.63%，东北地区示范村外出务工减少比例最低为 37.21%。这些外出务工人数减少的村庄中，60.29% 的村庄选择了疫情原因，41.67% 的村庄选择了本地就业增加原因，6.37% 的村庄选择了其他原因（主要是照顾家庭中的老人、儿童）。分地区来看，东北地区选择疫情原因的村庄占到了 93.75%，而选择本地就业增加的村庄仅占到 6.25%，和其他三个地区形成明显对比。

表3.8 外出务工人口减少及原因分布

地区	外出务工减少村庄占比	原因占比（%）		
		由于疫情原因	本地就业增加	其他（照顾老人儿童等）
东部	51.22	58.33	44.05	5.95
中部	53.76	52	50	8

地区	外出务工减少村庄占比	原因占比（%）		
		由于疫情原因	本地就业增加	其他（照顾老人儿童等）
西部	44.63	61.11	40.74	7.41
东北	37.21	93.75	6.25	0
总体	48.46	60.29	41.67	6.37

注：原因加总超过 100%。

　　近三年（2018 年、2019 年、2020 年），示范区项目支持村中，绝大部分（近 80%）的村庄都有返乡居住人口，他们回村从事创业和务农工作。全国 421 个示范村中，有 79.33% 的村近三年有返乡人口，中部和西部地区有返乡人口的村庄占比更高，约为 85%，东部为 78%，而东北地区只有 53%。全国有 70.31% 的村有返乡创业人员，平均数为 15 人。分地区来看，中部（78.49%）和西部（76.86%）返乡创业的村占比最高，东部为 68.29%，而东北地区只有 41.86%；西部地区有返乡创业人口的村庄中，返乡创业人口平均数为 18 人，东部和中部分别为 14 人、12 人，而东北地区只有 8 人。全国有 64.37% 的村有返乡务农人员，平均数为 28 人。分地区来看，西部地区的村庄中有 76.03% 的有返乡务农人员，其次是中部为 66.67%，再次为东部57.93%，东北地区最低为 51.16%；西部地区有返乡务农人口的村庄中，返乡务农人口平均数为 35 人，中部为 33 人，东北和东部分别为 29 人和 21 人。

表3.9　近三年外出返乡居住、创业、务农情况

地区	有返乡居住的村占比（%）	有返乡创业的村占比（%）	返乡创业的村平均人数（人）	有返乡务农的村占比（%）	返乡务农的村平均人数（人）
东部	78.05	68.29	14	57.93	21
中部	86.02	78.49	12	66.67	33

地区	有返乡居住的村占比（%）	有返乡创业的村占比（%）	返乡创业的村平均人数（人）	有返乡务农的村占比（%）	返乡务农的村平均人数（人）
西部	85.12	76.86	18	76.03	35
东北	53.49	41.86	8	51.16	29
总体	79.33	70.31	15	64.37	28

四、示范区人才振兴相关措施及面临的主要问题

（一）人才振兴措施

各地示范区先后出台了一系列推动乡村人才振兴的措施。具体来讲，大致有四个方面的举措：

一是出台各种措施吸引人才。例如，内蒙古赤峰市为了鼓励引导人才向艰苦边远地区和基层一线流动，以"一村一大学生"为目标，2019年起统筹全市事业编制资源，招录赤峰籍本科大学生到嘎查村服务锻炼，创新实施"乡招村用"，通过方式创新、一线培育、制度保障等举措，为农村牧区补充优质、稳定的年轻力量，让人才真正扎根基层。宁夏回族自治区盐池县注重高层次人才柔性引进和本土人才培养，制定出台了《盐池县柔性引进人才实施办法》《盐池县本土人才培养若干措施》，引导人才向基层和乡村振兴一线聚集，不断提高人才服务乡村振兴能力。

二是通过定制培养、培训、技术交流等提升人才能力。例如，江苏省灌云县一方面引进高校、科研院所的专家教授所对农户进行种植栽培技术培训，2020年仅龙苴镇促进农村新增劳动力623名，扶持农民自主创业76名；另一方面定期组织科技创新、生产服务、产品销售等方面的骨干，进行参观、休闲活动，开展信息交流、市场研判、知识更新、技能培训等科技活

动，推动示范区人才振兴，示范区一期项目建设完成后，预期每年培训农民 500 人次以上，可带动务工就业人数不低于 1000 人。江西省资溪县先后与中国环科院、武汉大学等 39 所高校、院所签订战略合作协议，开展深度技术合作，构建各类县校企合作服务基地，吸引来示范区实习写生学生超过 5 万人次。山东省沂源县与山东财经大学共同发起建立了山东财经大学乡村振兴学院，集产学研技育于一体，产教融合、科技融合，推动学校新文科建设和复合型新财经人才培养创新，打造乡村振兴高端智库平台。广东龙川县大力实施乡村振兴战略"村村优"人才培养工程，与华南农业大学河源教学点联合实施龙川县乡村振兴战略"村村优"人才培养工程，第一期 153 名学员正按教学计划上课和开展实践活动，现组织第二期学员开展成人高考考前复习，力争在 2025 年底前，实现每个镇、每个村至少有 1 名涉农专业人才，建立起一支 450 名左右具有本科学历的乡村振兴专业人才队伍。

三是大力培育和引导"新乡贤"。例如，浙江遂昌县积极开展了以"请老乡、回故乡、建家乡"为主题的镇内外统战活动，抓牢乡贤这条情感线，调动镇、村在外创业成功人士、企业家、乡贤名人回乡创业的积极性。河南省洛宁县专门制定了《洛宁县关于以乡贤返乡创业为抓手发展乡村产业的实施方案》，制定了 7 大类 20 项激励措施，鼓励外出乡贤返乡创业。湖北省恩施市通过"七个一"活动（开展一次摸底调查、搭建一个沟通平台、开展一系列对接活动、建设一个乡贤能人馆、办好一批民生实事、谋划实施一批发展项目、建立一套协作机制）建立了乡贤能人信息库，激活了城乡人才资源，在项目区能人返乡创业投资达到 2 亿元，大幅提升了项目区域经济发展速度。

四是通过政府购买服务、引入社会资本等让更多的人才为乡村振兴服务。例如，河南省新县引进苏州设计团队打造河南省首个"创客小镇"，吸引 20 余名大学生投资置业，开设匠心工坊、伴手礼、爱莲说餐厅、花音年代咖啡厅等创客小店 20 余家，经济效益和社会效益明显。

（二）人才振兴面临的主要困难

1．劳动力相对短缺，外流现象突出

随着城市化进程，形成了大量农村人口尤其是年轻人向城市的单向流动，由此造成示范区农村人口和青壮年劳动力的严重流失，乡村人口的年龄结构、性别结构出现严重失衡，留守在乡村的大多是老人、妇女、儿童，在示范区普遍存在"老龄化""空心化"现象。

2．劳动力受教育水平和技能水平低

示范区内劳动力接受过高中及以上教育程度的占比只有 15%，劳动力整体教育水平不高。劳动力中拥有中级职称及以上占比、接受过职业教育或技术培训的占比相对较低，获得新型职业农民、高素质农民证书的占比更低。

3．示范区人才的结构不合理，专业人才数量不足

示范区普遍缺乏乡村治理人才、农业科技人才、经营管理人才等。例如，浙江省永嘉县示范区随着"千年古城"复兴、杭温高铁建设等重点工作推进，规划设计、项目运营等方面专业人才显得十分缺乏。吉林省靖宇县和广西壮族自治区东兰县示范区旅游业经营管理人才匮乏，这成为制约示范区发展红色生态旅游产业的重要因素。云南省镇雄县示范区竹笋产业的发展需要一定数量的掌握竹笋种植、采摘以及病虫防治技术人才，但镇雄县林业和草原局仅有的 10 余个技术人员的服务范围覆盖全县 25 万亩竹林，服务能力与产业发展的需求存在较大缺口。多个示范区都反映乡村文艺人才队伍缺乏问题凸显，没有文化方面专业人才，不能很好带动农村文化发展。

示范区农村基层干部队伍中，大部分村支"两委"的村干部平均年龄偏大、学历偏低，年轻后备干部严重不足，部分村干部缺乏管理能力和发展思路，能够承接信息化、现代化时代的复合型人才更少。脱贫攻坚期间培育扶持起来的基层村集体经济和新型经营主体管理者多数知识结构不尽合理，缺乏现代企业经营管理能力，不利于产业长足发展。

4．外来人才引进成效不足

虽然示范区通过各种方式联系鼓励外出务工人员和乡村贤能回乡发展，农民返乡就业创业已有微弱趋势，部分地区乡贤回乡取得了一定的成效，但总的来说尚未形成潮流，外出务工人员和乡贤返乡就业、创业人数少。

5．对乡村人才振兴重视不够

虽然多数示范区都意识到了人才振兴的重要性，但是多数示范区项目开展时并没有专门把人才相关内容纳入进去，示范区建设项目呈现重硬件、轻软件的特点。

五、促进示范区人才振兴的建议

（一）进一步摸清乡村人才基本供给和需求情况

摸清示范区内新型职业农民、家庭农场主、乡村工匠、传统工艺者等本乡本土人才资源，组织各乡镇和村建立"人才资源库"，搭建动态人才发展平台。同时根据地方规划、美丽乡村建设、文化旅游、特色产业等方面的需求，摸清乡村人才供给和需求的缺口，以便有针对性地出台应对措施。

（二）把乡村人才建设纳入乡村振兴规划和政府考核指标体系中

坚持"乡村振兴，人才先行"，加强示范区当地党委对乡村人才工作的领导，将乡村人才振兴纳入党委人才工作总体部署。示范区各级政府在制定当地乡村振兴规划中，要以人才振兴，带动联动产业振兴、生态振兴、文化振兴和组织振兴，各个部门在业务工作时要把人才振兴纳入各自工作中去。

（三）在示范区绩效考核中注重人才振兴内容

在乡村振兴项目上，要突破重硬件、轻软件的思维，扩大资金使用范围，把乡村人才建设纳入项目建设里来，在产业发展、乡村治理、文化繁荣等各个乡村振兴的领域内都体现人才振兴的内容。

（四）结合示范区的特色，通过特色农业、红色文化和旅游等发展农业生产经营、农村二三产业人才

示范区的一大特色是红色文化，可以红色文化旅游产业为龙头，带动相关产业发展，提升示范区内的市场活力和增加就业机会，吸引各类人才特别是红色文化旅游和特色农业人才回流，推动示范区产业发展和升级。结合乡村振兴示范项目以返乡农民为重点大力开展新型职业农民、职业技能、旅游管理技能、农村电商培训等系列人才培训工作。对于乡村工匠、非遗传承人等传统工艺，重视"徒弟"式接班人培养，加强本土人才技能培养、进修。

（五）大力发展示范区各级教育事业，通过教育振兴培养人才、留住人口

大力发展示范区各级教育事业，一方面可以提高劳动力受教育水平，提高示范区人口的基本文化素质和劳动者技术技能；另一方面通过教育振兴来留住农村孩子及家庭人口，减少示范区内人口外流，留住更多的农村人口。通过加强教育培训，用活本土人才，搭建乡村振兴学校，加强本土人才技能培养、进修，留住年青一代，为乡村振兴提供人才支撑。

（六）加强医疗、养老等公共服务建设，加快培养乡村公共服务人才

通过定向招录、公费培养、特岗聘用、"绿色通道"的方式引进人才，保障公共服务人才在职称评定、工资福利、社会保障等方面的权益。特别地，要加强村集体经济带头人的培养，选拔优秀人才担任村"两委"领导班子成员，加大村"两委"班子成员的培养力度。

（七）建立长期的、制度化的支持革命老区的人才扶持机制

充分利用来外来人才资源，特别是脱贫攻坚期间所形成的外来帮扶人员及相关人才资源网络，包括发达地区与革命老区定点帮扶、对口帮扶等。积极对接高等院校、职业院校，争取设立革命老区专项招生、培训支持计划，政府与院校共同探索教学与实践内容，大力培养应用型人才。加强示范区与外地的人才交流学习，定期派村干部、大学生、家庭妇女、新农人、技

术骨干等去外地访问考察。

（八）充分利用人才市场和社会资源来弥补乡村人才的不足

通过配套有效的政策措施，包括投资用地、土地流转、财政和融资、政务服务、优惠激励、政治培养等，鼓励企业家、党政干部、专家学者、新乡贤、群团组织、市民等通过下乡担任志愿者、投资兴业、包村包项目、行医办学、捐资捐物、法律服务等方式服务乡村振兴事业，激发他们回报家乡的动能，发挥"领头雁"作用，把市场、资金引入乡村，把新的发展理念、生产技术、运作模式、管理经验、文化文明带入乡村，进而带动群众学习进步，反哺乡村。更加发挥制度设计的作用，如设计人才流动站、教授工作站等汇集各领域的专业技术人才，充分利用高校、科研机构、企业等资源，利用集体的力量弥补农村人才不足问题。

参考文献

[1] 习近平. 论把握新发展阶段、贯彻新发展理念、构建新发展格局[M]. 北京：中央文献出版社，2021.

[2] 郜亮亮，杜志雄. 中国农业农村人才：概念界定、政策变迁和实践探索[J]. 中国井冈山干部学院学报，2017，10（1）：115-125.

[3] 中国政府网. 中共中央办公厅 国务院办公厅印发《关于加快推进乡村人才振兴的意见》[OL]. http://www.gov.cn/zhengce/2021-02/23/content_5588496.htm.

[4] 曾俊霞. 乡村人才振兴的发展现状、未来愿景及对策建议[M] // 魏后凯；杜志雄（编）. 中国农村发展报告（2021）：面向2035年的农业农村现代化. 北京：中国社会科学出版社，2021：378-399.

第四章

革命老区文化振兴研究报告

● 本章作者：方航，安徽农业大学经济管理学院
副教授。

乡村振兴是一项系统性、整体性、综合性的大工程，不仅要推动乡村物质文明的深化发展，更要推动乡村精神文明的高度繁荣。习近平总书记曾强调"乡村振兴既要塑形，也要铸魂"，乡村振兴，离不开乡村文化振兴。必须坚持物质文明和精神文明一起抓，提升农民精神风貌，培育文明乡风、良好家风、淳朴民风，不断提高乡村社会文明程度。

文化振兴是乡村振兴的魂，乡风文明是乡村振兴的保障。繁荣发展乡村文化要坚持以社会主义核心价值观为引领，以传承发展中华优秀传统文化为核心，以乡村公共文化服务体系建设为载体，培育文明乡风、良好家风、淳朴民风，推动乡村文化振兴，建设邻里守望、诚信重礼、勤俭节约的文明乡村。文化振兴需要与产业振兴联通发展，以文化产业带动文化振兴，激发文化振兴的经济动力。

对于革命老区而言，文化振兴就必须要弘扬红色文化。红色文化是中国共产党领导全国各族人民在革命和建设中形成的、能够体现中国共产党和人民群众崇高革命精神的先进文化。革命老区在艰苦的革命和建设时期形成了丰富的红色文化资源，弘扬革命老区的红色文化，传承其灵魂与根脉，对于强化中华民族的红色记忆与集体共识，增强中华优秀传统文化、社会主义先进文化的自信，提高革命老区乡村社会文明程度，具有十分重要的价值。习近平总书记强调："一个国家、一个民族不能没有灵魂。"红色文化在培根铸魂方面发挥着重要作用。作为中国特色社会主义文化的组成部分，新时代更需要发挥好红色文化的精神力量，不断实现红色文化的创新发展，用红色基因补钙壮骨，弘扬社会正能量，推进中国特色社会主义现代化事业不断向前发展。革命老区大多有着浓厚的红色文化积淀和底蕴，丰富的红色文化资源是老区发展最重要的精神财富。

一、文化振兴的意义

2021 年 2 月，中国取得了脱贫攻坚战的全面胜利，但在当前迅速发展的经济社会中，乡村仍然是发展的短板。2017 年，习近平总书记在党的十九大报告中提出乡村振兴战略，对新阶段预先发展农业农村、全面推进乡村振兴战略以及今后的"三农"工作指明了方向。乡村是之于城镇之外的地域综合体，与城镇共同生存相互促进，共同构成了当今社会人类生活的空间。但人民日益增长的美好生活的需要和供给不平衡不充分之间的矛盾在乡村却最为严重。美国管理学家彼得曾提出著名的短板理论，强调盛水的木桶是由许多块木板共同组成，盛水量也是由这些木板共同决定的。若其中一块木板很短，盛水量就会被短板所限制，这块短板就会成为木桶盛水量的最终决定因素。当前，文化振兴便是全面实现乡村振兴战略的短板，文化建设滞后已经成了阻碍当代新农村建设全面发展的重要瓶颈。

乡村振兴战略主要包括以下几个方面：重塑城乡关系，促进城乡融合发展；巩固完善农村基本经营制度，促进共同富裕；深化农业供给侧改革；坚持人与自然和谐共生；传承发展提升农耕文明，促进乡村文化兴盛；创新乡村治理体系。其中促进乡村文化兴盛是乡村振兴的精神基础，乡村文化振兴贯穿乡村振兴的各个领域，能够为乡村振兴提供持续的精神动力。

文化振兴是乡村振兴的"魂"。乡村振兴，既要塑形，也要铸魂，文化振兴是根本。实施乡村振兴战略，要发挥文化凝聚人心、坚定信心、引导村民的作用，提振精气神，激发广大农民投身乡村振兴的积极性和主动性。充分发掘乡村传统文化的底蕴、精神和价值，赋予新的时代内涵，使其成为乡村振兴的强有力支撑。塑造以社会主义先进文化为主体的乡村思想文化体系，挖掘乡村本土红色资源和传统文化资源，采用百姓喜闻乐见的方式让优秀文化入脑入心，更好地传播社会主义先进文化、弘扬中华优秀传统文化、继承发扬革命文化，提升乡村文化教育的生动性、吸引力和感染力，增强乡村文化软实力。文化振兴是乡村振兴的重要保障，能有效培育文明乡风、良好家风、淳朴民风，培育乡土文化人才，更好地带动乡村振兴；以文化振兴赋能乡村振兴，重塑现代乡村文化空间，依托乡村文化禀赋，整合文化资源，进一步推动乡村振兴发展。

文化就是记忆的一种形式，文化传承是乡村振兴的必然要求。文化传承涉及一个社会如何以某种方式将社会成员共有的价值观、生活态度、知识体系、谋生技能、生活方式和社会行为模式一代代传递下去，它是文化或文明积累的基本方式，也是一个民族或社会能够不断前行的基本条件。在乡村振兴战略下，通过 "文化传承"使得新一代不断继承和创新先进传统文化，不断感知新问题、接受新事物，逐渐走向文化自觉和文化自信。珍视历史传承，延续乡村文化脉络，守护乡村文化生态，是乡村文化振兴的基本要求，也是乡村文化创新的基本要素 [1]。

党的十九大报告深刻指出，文化是一个国家、一个民族的灵魂。文化兴国运兴，文化强民族强。要坚定文化自信，推动社会主义文化繁荣兴盛。没有高度的文化自信，没有文化的繁荣兴盛，就没有中华民族伟大复兴。文化振兴也是乡村振兴的精神目标。中国特色社会主义文化，源自中华民族五千多年文明历史所孕育的中华优秀传统文化，熔铸于党领导人民在革命、建设、改革过程中创造的革命文化和社会主义先进文化，植根于中国特色社会主义伟大实践。文化是一种精神力量，但在人们认识世界和改造世界的过程中又可以转化为物质力量，对人的思想和社会的发展都会产生深刻的影响。

革命老区是老一辈共产党人战斗和生活过的地方，为中国革命的成功付出了巨大牺牲、作出了重大贡献。革命老区是当年民众最早接触革命思想、最早接受革命洗礼、最早为争取全国解放进行社会变革的伟大实践的区域。在老区走出了大量新中国的各级领导人，老区的许多地方都是当今爱国主义的红色教育基地，从而也得到了各级政府的关心和扶持。革命老区作为党和人民军队的根，是中国人民选择中国共产党的历史见证，在文化振兴中扮演着重要的角色。"十四五"时期，国务院出台了《关于新时代支持革命老区振兴发展的意见》，明确提出，到 2025 年革命老区脱贫攻坚成果全面巩固拓展，乡村振兴和新型城镇化建设取得明显进展，要让革命老区人民过上更好生活，逐步实现共同富裕。

在现代化转型过程中，多元文化和价值观念发生碰撞，使得乡村传统文化中的道德观念和价值观念受到侵蚀，农民对乡村文化价值产生怀疑，乡村文化日渐式微。因此，在新时代要坚定文化自信，促进文化繁荣，必然要传承红色文化基因，推动革命老区红色文化振兴发展。因此，国务院批准的支持革命老区振兴发展的政策文件都十分重视革命老区红色文化资源的挖掘、保护、利用。

推动乡村文化振兴，要加强农村思想道德建设和公共文化建设，以社会主义核心价值观为引领，深入挖掘优秀传统农耕文化蕴含的思想观念、人文精神、道德规范，培育挖掘乡土文化人才，弘扬主旋律和社会正气，培育文明乡风、良好家风、淳朴民风，改善农民精神风貌，提高乡村社会文明程度，焕发乡村文明新气象。乡村文化振兴是乡村振兴的灵魂，关系到乡村振兴的发展动力和发展方向，是"留住青山绿水、记得住乡愁"的必然路径，也是重构中国乡土文化、弘扬中华优秀传统文化的主要策略。由此，如何让乡土文化和传统优秀文化回归，如何让农耕文化的菁华成为乡村振兴的动力，如何让红色基因焕发时代价值，如何创新时代文化、跨越代际间的"文化鸿沟"，实现转型跨越，成为乡村振兴可持续发展破题的关键所在 [2]。

随着国家实施乡村振兴战略的推进，红色文化作为乡村文明的重要组成部分，将迎来产业发展的新机会。老区红色文化产业的发展，不仅为乡村振兴提供了重要的动力，也为农村生活环境改善、地方民俗的传承和发扬起到了独特的赋能作用。推进革命老区红色文化产业的发展，是实施乡村振兴战略的重要思路，需认真探索，科学施策，追求实效。革命老区作为革命传统的重要承载地，是弘扬传承红色文化，增强斗争本领和斗争精神的重要依托。红色文化，是党领导人民在革命中创造的革命文化，是社会主义核心价值体系的重要来源。弘扬革命老区精神，发挥红色文化作用，是提高中华民族伟大复兴和民族文化软实力的重要支柱，也是进一步实现文化振兴的重要保障[3]。红色文化也是乡村振兴的力量源泉。革命老区的红色精神随着时代的变迁并没有丧失其价值和作用，而是在时代发展的进程中，历久弥坚。中共中央、国务院印发的《乡村振兴战略规划（2018—2022 年）》也指出，坚持农业农村优先发展，按照产业兴旺、生态宜居、乡风文明、治理有效、生活富裕的总要求，建立健全城乡融合发展体制机制和政策体系，统筹推进农村经济建设、政治建设、文化建设、社会建设、生态文明建设和党的建设。在乡村振兴战略规划中，文化建设是核心内容之一。中国革命老区红色文化是乡村文化建设的重要组成部分，对乡村振兴战略的实施有着重要的价值。

　　革命老区的振兴发展，必须要利用好革命精神。当前，文化多元化发展，而革命老区的红色文化是促进革命老区的振兴发展的重要保障。因此，传承红色文化，是引领革命老区文化振兴的关键。革命老区红色文化厚重的历史底蕴和深刻的精神内涵都在告诉我们其对中华民族伟大复兴及乡村振兴战略的重要性[4]。红色文化资源深深扎根于优秀传统文化的土壤中，见证了中国共产党带领中华儿女艰苦奋斗的历史记忆，承载着中华儿女共同的象征符号、信念体系和价值观念，是优秀传统文化的集中体现。

　　因此，要实现革命老区的振兴发展及贯彻落实乡村振兴战略，不仅要推动经济社会高质量发展，更要加强精神文明建设，推动文化繁荣发展。

二、文化振兴建设现状

（一）中国特色社会主义文化的建设现状

大力发展乡村文化事业，社会主义文化先行。我国广大地区，尤其革命老区的农村文化事业要发展，必须要引入先进文化，即中国特色社会主义文化。更要在引入的基础上，埋下种子，生根发芽，让中国特色社会主义文化根植在农村广阔天地的沃土中，在向着先进文化的一致生长方向上，结出各具乡村特色的文化果实。要让亿万农民共享这一包含着时代精神的现代文化发展成果，离不开基层组织的宣传工作。

总体来看，中国特色社会主义文化建设情况是喜人的，普及率高，宣传媒介多样。社会主义核心价值体系包含了中国特色社会主义共同理想、时代精神、民族精神等内容，社会主义核心价值观是社会主义核心价值体系的内核。在总样本中，同时开展社会主义核心价值观、中国特色社会主义道路和中国梦等宣传工作的比例达到了 98% 以上。剩余 2% 的村庄也对社会主义核心价值体系的部分内容进行了宣传。在形式上基本实现了社会主义核心价值体系对乡村文化发展的全面引领作用。

中国特色社会主义主体文化的宣传媒介呈现多样化的特征。各地普遍使用了宣传栏、文化墙公益广告等宣传方式。在图 4.1 展示的 6 种主流宣传方式中，宣传栏是最广泛的选择，使用率达到 94.2%。宣传栏可以通过对内和对外两个方面发挥作用。对内可以及时传播消息，引起村民关注，帮助政策传达与解读；对外是重要的形象阵地，展示着乡村生活状态和特色乡村文化。文化墙（59.7%）、公益广告（46.9%）、喷绘（41.3%）和雕塑（38.4%）这四种分别具有美观性、公益性、艺术性和历史性的特点，也受到乡村文化宣传工作者的青睐。粘贴画的比例则比较低，其相比宣传栏缺少了灵活性，相比文化墙等又不具备审美优势。

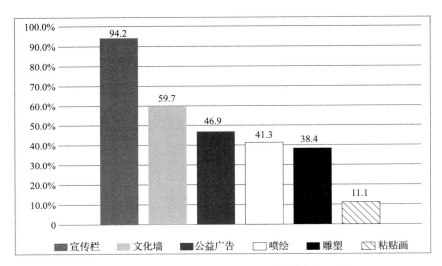

图 4.1　中国特色社会主义文化的宣传媒介使用情况

（二）传统文化建设现状

推进乡村文化振兴，传统文化不能缺位。越是拥有悠久的历史，就越要重视在长期的社会沿革历程中，长期积累下来的由物质文化与精神文化共同构成的传统文化。革命老区作为党领导人民在革命过程中创造出来的革命文化，即红色文化的形成地，见证了中国人民选择中国共产党的历史过程，在党和人民推动中华民族伟大复兴的历史占据了重要地位，有着重要的历史意义。传统文化振兴必须顺应时代潮流，因此，能否适应新时代的优秀文化要求是传统文化首要面对的问题。与时代精神相悖的传统文化糟粕必须坚决遏制，能创新地结合时代精神而实现扬弃的优秀传统文化必须大力弘扬。

1. 传统陋习依然存在

调查发现，高额彩礼、红白喜事大操大办为代表的传统陋习依然存在于大部分革命老区中，丧葬陋习的引导工作开展不足，移风易俗任重而道远。

（1）高额彩礼

农村地区的彩礼水平依然较高，尤其是经济欠发达的中西部及东北等革命老区。422 个被调查村庄的平均彩礼高达 8.04 万元。而作为对比，2020 年我国人均年收入在 1.71 万元左右。当然，这一情况存在一定的区域差异。从绝对数值上看，东部地区、西部地区情况稍好，彩礼金额均在 6 万元上下。东北地区最为严重，超过了 10 万元，达到了 10.66 万元，详见表 4.1。

表4.1　不同区域的彩礼金额

区域	平均彩礼金额（万元）
东部地区	6.07
中部地区	9.5
西部地区	5.96
东北地区	10.66

从与收入比较的相对值来看，东部地区彩礼水平较低，中、西部及东北地区财力水平较高。将彩礼金额与 2020 年人均收入进行比较，可以反映彩礼的真实水平。这一比例在中、西部及东北地区都大于 400%，东北地区已逼近 650%，详见图 4.2。高额彩礼现象无疑是传统文化中的糟粕，对于

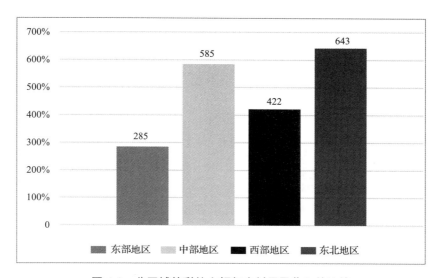

图 4.2　分区域的彩礼金额与农村居民收入的比值

激发农村消费潜力和提升农村生活幸福感都产生了的巨大阻碍作用。高额彩礼成因的解释之一是性别失衡问题，由于农村社会中男多女少的情况普遍存在，导致结婚的成本加速上升，高额彩礼正是结婚成本的主要体现之一。对422个村庄中40岁以上的单身男性人数进行统计，按照同样的区域划分方式进行分布比对，两者呈现的结果具有一致性，中、西部及东北地区的高龄单身男性占村庄常住人口1%，显著高于东部地区。

（2）红白喜事大操大办

红白喜事大操大办的现象仍然存在。根据调查访问结果，有50个样本村庄明确表示存在红白喜事操办规模过度的现象，占总样本的11.8%。单就比例大小来看，情况尚不严重。但是，分区域间来，区域差异还是十分明显。东部地区大操大办的现象明显低于其他地区，发生率仅为4.88%；其次是西部地区，发生率为12.40；中部地区和东北地区过度操办的现象比较严重，中部地区甚至有超过五分之一的村庄存在过度操办红白喜事的现象，东北地区也高达16%，详见图4.3。

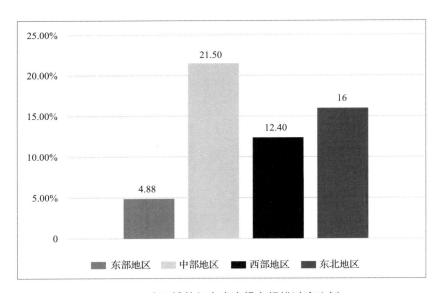

图 4.3　分区域的红白喜事操办规模过度比例

　　红白喜事的大操大办往往与农村居民的攀比心理有直接的联系，遏制大操大办现象也有赖于相关村规民约的约束。调查现实，422 个村庄有 30.6% 未出台红白喜事的操办规模标准。就存在大操大办情况的 50 个村庄里，超过半数村庄并未制定相关标准，见图 4.4。这有力地证明了村级单位出台红白喜事规模标准有利于遏制大操大办、铺张浪费等传统文化陋习现象的蔓延。

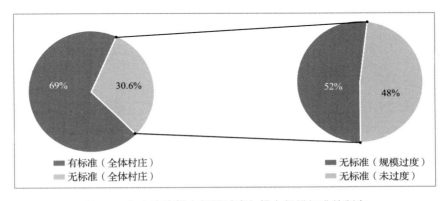

图 4.4　红白喜事操办规模过度与操办规模标准的制定

　　分区域的调查数据也支撑了这一判断。东部、西部地区继续保持了前文的判断，情况相对较好，未出台标准的村庄数量在四分之一上下，而中

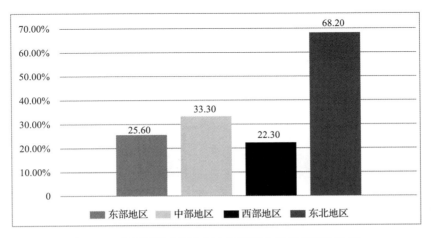

图 4.5　分区域的未制定红白喜事操办规模标准的比例

部、东北地区则反映出了不同的问题。乡村红白喜事大操大办陋习的危害不仅仅体现于操办规模过大导致的铺张浪费、虚荣攀比，还有其他诸多方面亟待解决的问题。但总体来说，喜事陋习问题的解决大多依赖于管理细则的探索、敲定和严格执行，因此并不需要占用过多的农村资源去解决。

（3）丧葬陋习

乡村丧葬文化引导不力所放纵的土葬陋习乱象值得警惕。土葬文化陋习导致的直观后果之一是占用了宝贵的土地资源。从长期来看，土葬乱象所延伸的高危行为，如耕地内焚烧祭祖、野外燃放烟花爆竹等，每一年都会产生严重事故，给管理工作带来困难。

乡村土葬陋习的郁结所在是政府或基层单位没有提供相应的场所，如公益性墓地等，导致村民不得不沿袭传统做法。因此，公益性墓地等场所的提供，对于引导乡村丧葬文化建设向现代化、文明化方向转变是尤为重要的。从调查数据来看，村级单位有配备公益性墓地的比例仅为 25.6%，四分之三的村庄并未规划公益性墓地。分区域来看，东部地区规划统一的公益性墓地比例最高，东北地区最低。

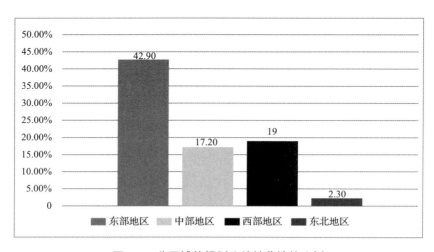

图 4.6　分区域的规划公益性墓地的比例

2. 优秀传统文化的建设现状

习近平总书记指出，中华民族文化自信的根源在于优秀传统文化。乡村无疑是众多优秀传统文化的发源地和发展载体，乡村文化振兴建设工作离不开优秀传统文化的继承与弘扬。乡村文化振兴建设作为乡村振兴的重要组成部分，而当前的乡村文化发展却处于停滞状态。文化服务重"植入"轻"培育"，造成乡村缺乏文化再生能力。目前乡村开展的大多数文化活动，脱离了村民的实际生活，不易激发村民的参与热情，使村民成了乡村文化建设中的"观众"[5]。

调查发现，村民自发开展传统文化活动的积极性不高，文化活动的多样性有待提高；大多革命老区的文化艺术体育团体的发育情况并不乐观，团体形式较为单一。

（1）文化活动的开展情况

总体来看，村民自发开展文化活动的积极性不高，文化活动的多样性有待提高。据调查，在 422 个总样本中，仅有 27.49% 的村庄开展过传统戏曲活动，18.24% 的村庄开展过体育比赛，31.75% 的村庄开展过文艺会演，13.27% 的村庄开展过其他活动（包含广场舞、节日灯会、宣讲会、环保活动、志愿活动等）。可见，农村居民自发开展文化活动的积极性不高。就文化活动的多样性来看，仅有 27.25% 的村庄能在一年内自发组织两种以上不同类型的文化活动，仅有 16.11% 的村庄能自发组织三种以上不同类型的文化活动。这说明，目前农村地区文化活动形式单一，多样性有待提高。

分区域来看，中部和西部地区文化活动的多样性较好，东部地区较为逊色，而东北地区多样性最差。在图 4.7 中所示的计算过程中，已将区域间文艺团体数量分布作了加权处理，消去了区域间分布差异对结果的影响。因此，图 4.7 所示结果可以单纯地展示各自区域内文艺团体开展活动种类的比例情况。就图示而言，在理想状况下，黄色区域占比越大越好。或者说同一区域内的四个柱状体顶峰所代表的极大值，应呈现自左下向右上的趋势。实际看来，只有中部、西部地区的前三个柱状体呈现了这种趋势，说明这两个区域内文化活动的多样性相对乐观。同样的情况发生也发生在东部地区，其黄色柱状体的占比同样低下，仅为 13.6%。不仅如此，后三个柱状体所呈现的自右下向左上的反向趋势让情况变得更差，这意味着东部地区的文化活动多样性落后于中部、西部地区。相对而言，前三个地区整体水平依然具有放在一起比较的价值。而东北地区的情况严重程度则更甚。突兀孤耸的蓝色柱状体表示，东北地区的文艺团体大多只具备开展单一类型活动的能力，具体比例是 66.7%，对于开展四种及以上活动形式的则为 0。

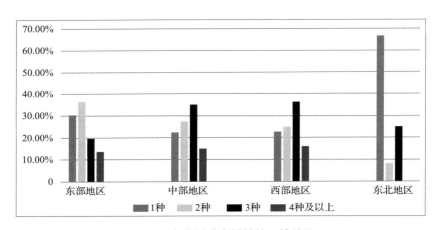

图 4.7   文化活动多样性的区域差异

（2）文化艺术体育团体发育情况

传统文化以各种文化活动的开展为载体，而文娱活动的开展有赖于基层自发成立的各类文化艺术体育团体。可以说，文化艺术体育团体的发育情况能直接反映一个村庄的传统文化的兴盛。

总体来看，大部分革命老区的文化艺术体育团体的发育情况并不乐观，团体形式较为单一。以绝对数量上来看，422 个村庄中自发成立文艺团体的只有 123 个村庄，占比仅为 29.1%，这一定程度上说明了优秀传统文化不受重视、传承断代和村民自发性、参与意愿俱低的现状。单就已经成立的文艺团体的村庄来看，平均每个村庄的团体数量不足两个，团体的形式较为单一，难以满足传统文化多样发展的要求。分区域来看，东部、东北地区的文艺团体发育情况落后中部、西部地区，详见图4.8。其中，中部地区有38.7%的村庄成立了文艺团体，这一比例甚至高出东北地区两倍还要多。处于中间位置的东部和西部地区的比例差异也接近10%。因此，文艺团体的分布是存在区域间的显著差异的。中部、西部地区的文艺团体存续现状较为乐观。

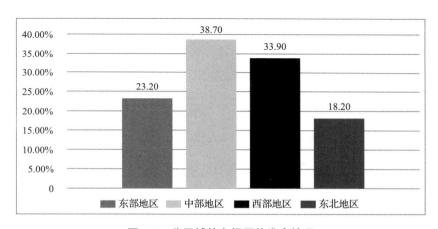

图 4.8　分区域的文娱团体发育情况

（三）公共文化建设现状

　　根据中央关于乡村振兴战略的部署，公共文化资源要重点向乡村倾斜，提供更多更好的农村公共文化产品和服务，健全乡村公共文化服务体系。革命老区作为革命传统的重要承载地，是红色文化的重要形成之地。利用好这些公共文化资源对革命老区及整个乡村的振兴发展有着重要意义。下文将以乡村的图书室、健身场所、戏曲舞台、放映电影和上级部门下乡开展活动作为代表性公共文化产品（服务），对农村公共文化建设的现状进行讨论。

　　总体来看，革命老区的村庄公共文化基础设施建存在"重建设、轻管护"的问题。具体表现为：乡村图书室基本实现全覆盖，但存在图书室服务质量较低和使用率较低的问题；乡村健身场所的覆盖率较高，但存在管理不善和使用率较低的问题。乡村公共文化服务存在公共文化产品供给不到位、群众参与意愿不强、供给与需求出现偏差的问题。

1. 公共文化基础设施建设现状

第一，乡村图书室的覆盖率非常可观，达到96%，基本实现全覆盖。但是，存在图书室服务质量较低和使用率较低的问题。

据调查，96%的被调查村庄拥有至少一个图书室，基本上实现了图书室的全覆盖。从服务质量上来看，却存在一定的问题。具体来看，422个村庄图书室的人均面积为0.03m²。根据文旅部2021年7月5日发布的《2020年文化和旅游发展统计公报》，截至2020年末，全国平均每万人公共图书馆建筑面积为126.49平方米，即人均面积为0.0126 m²。初对比之下，似乎乡村图书室的建设水平已经领先于全国平均水平，但是结合实际情况考虑，大多数村庄的图书室兼顾了会议室、活动室、接待室甚至储藏室的职能，因此实际人均面积并不如数据展示得突出。从图书室藏书规模来看，422个村庄人均馆藏量的均值为2.4本，这一数值相较于城市地区相对较低。从开放的时间来看，乡村图书室的年平均开放天数较高，达到每年219.3天。但是，关注到平均使用情况的数据，平均每个村庄图书室每年借阅人次为688.4，核算下来每天接待仅3人次左右，利用率远远低于建设预期。

表4.2　乡村图书室概况

覆盖率	人均面积	平均开放天数	人均馆藏量	年平均更新比例	平均使用情况
96%	0.03 m²	219.3 天 / 年	2.4 本 / 人	16.60%	688.41 人次 / 年

第二，乡村健身场所的覆盖率和质量有待提升，同时存在管理不善和使用率较低的问题。

据调查，在422个样本村庄中，有79.6%的村庄拥有体育健身场所，这一比例略低于图书室的覆盖率，还有一定的提升空间。从面积上来看，数据显示，农村居民人均体育健身场所面积是0.31m²，根据2020年11月4日国家体育总局发布的《2019 年全国体育场地统计调查数据》，截至 2019 年底，我国人均体育场地面积为 2.08m²。对比之下，乡村健身场所的人均面积还远远落后于全国平均水平。不仅人均面积不佳，健身设备的完善程度也并不喜人。调查显示，有超过 50% 的乡村健身场所存在设备数量短缺、种类较少的情况。而已有的健身设备中，剔除轻度破损的情况，也依然有 15.5% 的设备存在严重破损，无法使用。

表4.3 乡村健身场所概况

覆盖率	人均面积	设备短少情况	设备严重破损情况
79.60%	0.31 m²	50.30%	15.50%

第三，乡村戏曲舞台的覆盖率较低。据调查，相对于图书室、健身场所，戏曲舞台的覆盖率较低，只有不到一半的村庄有自己的戏曲舞台。最多的一个村庄（河北省阜平县史家寨村）建设了 12 个戏曲舞台。在使用率方面，均有戏曲舞台的村庄平均达到了 15 次 / 年，平均每月至少利用一次。相比于较高的使用率，更凸显了戏曲舞台覆盖率的不足。

表4.4 乡村戏曲舞台概况

戏曲舞台覆盖率	人均面积	平均使用情况
44.10%	0.07m²	15.1 次 / 年

2．公共文化服务建设现状

第一，电影下乡活动开展较为普遍，但是群众参与度不高。组织电影放映是常见的乡村公共文化活动，在各地普及已久。据调查，84.6% 的村庄组织过电影放映活动，平均来看，每年接近 10 次放映。从放映时间来看，平均每次时长达 3.67 小时，均属于正常水平。但是，在统计观看人数后，问题就较为凸显。数据显示，平均观看人数仅为 82.8 人。如果与村庄常住人口进行比较，平均来看，电影活动的参与率只有 3.5%。这一现状反映出组织电影放映的公共文化供给端与农村居民需求端出现了偏差，乡村文化振兴建设的工作者们应寻找问题根源，创新文化供给模式，真实服务于乡村公共文化需求。

表4.5　电影下乡活动概况

覆盖率	年平均放映次数	平均单次时长	平均观看人数	平均单次观看人数占比
84.60%	9.9 次 / 年	3.67 小时 / 次	82.8 人 / 次	3.50%

第二，除电影之外的其他公共文化活动覆盖率不高，群众参与度低。除了电影下乡活动之外，课题组还调查了上级部门或文旅公司来本村举行文化活动的情况。据调查，仅有 56.9% 的村庄有过相关文化活动，相较于电影放映，这一比例较低。分区域来看，东部、中部地区的上级部门下乡开展文化活动较为密集，普遍超过三分之二的村庄会承接该文化活动。西部地区略低，但也有接近一半的比例，为 48.8%。东北地区的上级部门下乡开展文化活动较少，开展率仅有 20.5%。

在群众参与度方面，其他公共文化活动同样存在参与度较低的问题。总样本的平均每场活动的群众参与率仅为 14.15%。东部地区 18.00% 的群众参与率也只能算是相对稍好于其他地区。但总体未见明显区域差异，各地区都围绕着平均 14.2% 的参与水平上下波动。这同样反映了公共文化活动的供给端与农村居民需求端出现了偏差。

表4.6　除电影之外的其他文化活动概况

	总样本	东部地区	中部地区	西部地区	东北地区
活动开展率（%）	56.90	67.00	66.70	48.80	20.50
平均每场活动群众参与率（%）	14.15	18.00	14.00	12.00	15.60

（四）文化产业发展现状

文化产业被称为 21 世纪的"朝阳产业"，是文化建设的重要形态和基本途径。党的十八大以来，习近平同志在关于文化发展繁荣的系列重要论述中，多次强调文化自信问题，把对它的认识提升到了一个新的高度、新的境界。对我国这样一个有六亿农村人口的农业大国而言，农村文化产业建设是国家文化产业建设的重要组成部分。而革命老区作为红色文化的形成地，其发展同样离不开文化产业的支撑，文化产业兴旺是革命老区振兴的基础，也是乡村振兴战略进一步实施的重要保障。

如果说公共文化建设是对乡村文化振兴进行"输血"，那么乡村文化产业的建设就是乡村本身进行的"造血"工程。发展好文化产业，有利于乡村文化振兴工作的可持续开展。文化产业的建设，极大程度地依赖于当地文化资源基础。按属性分类，可以把乡村文化产业分为红色文化产业、传统文化产业、历史古迹文化产业和自然景观文化产业。

总体来看，各地文化资源挖掘和利用不充分，文化资源与文化产业转化率低，尤其是红色文化资源的挖掘和利用相对滞后。

从红色文化产业来看，在 422 个样本村庄中，仅有 45 个村庄拥有红色文化资源，占比为 10.7%。其中，只有 30 个村庄利用红色文化资源发展出了一定规模的文化产业，资源—产业转化比仅为 7.2%。从已经孵化出红色文化产业的村庄来看，红色文化产业的投入金额相当高，平均为 2318.9 万元。2020 年，平均提供岗位 11.4 个，接待游客 11.3 万多人次，实现产值收益只有 229.2 万元。

表4.7　文化资源及文化产业发展情况

类别	资源—产业转化比（%）	投入（万元）	就业岗位（个）	游客规模（人次/年）	产值（万元）
红色文化	7.20	2318.9	11.4	113470	229.2
传统文化	4.30	438.6	20	26525	5.8
历史古迹	3.55	1012.5	30.3	93866.7	861.7
自然景观	9.20	5386.1	65.4	297775	894.9

注：产业投入、就业岗位、游客规模和产值汇报的都是均值。

　　分区域来看，红色文化资源—产业转化率较高的是中部、西部地区，如图 4.9 所示。主要是由于中部、西部地区红色文化资源较为丰富，这与中国共产党早期发展历史相符合。

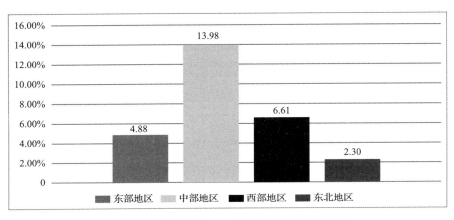

图 4.9　红色文化资源—产业转化比的区域差异

　　传统文化、历史古迹和自然景观文化产业的发展情况见表 4.7。这三类资源的分布情况差异不大，有 47 个拥有传统文化资源，34 个村庄拥有历史古迹资源，47 个村庄拥有自然景观资源。但是，在资源—产业转化比上有较为明显的差异。其中，自然景观资源的转化比较高，而传统文化和历史古迹的转化率较低。从产业规模上来看，传统文化产业的产值较低，2020 年均值仅有 5.8 万元，而自然景观和历史估计产值的均值都大于 800 万元（尽管各个产业内部差异较大）。从带动就业的角度来看，自然景观产业的就业效应高于其他三类文化产业。

　　课题组还针对已发展出一定文化产业的地区，就挖掘利用文化资源的成果经验和面临的挑战进行了专题调查。在成果经验方面，根据调研，文化产业的发展离不开以下五个要素：良好的文化资源基础、对文化资源的保护、充裕的资金支持、区位优势以及善于经营管理的带头人。其中，资金支持是最为重要的因素，超过 40% 的样本村庄认为充裕的资金支持是发展文化产业的关键。其次,超过 20% 的样本村庄认为地理位置很重要。

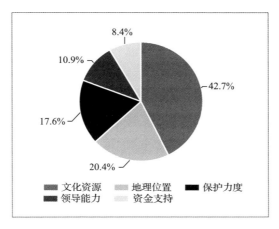

图 4.10 发展文化产业的要素支持

在面临的挑战方面,根据调查,有 44.0% 的村庄认为资金短缺问题比较严重,27.5% 的村庄则认为人才短缺的问题更为严峻,认为市场难以开拓的村庄占 14.6%,另外还有 13.9% 的样本村庄表示,特色文化面临断代断档的困境,无人传承的问题需要引起重视。

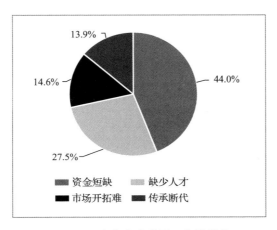

图 4.11 文化产业发展面临的挑战

三、文化振兴面临的问题

（一）传统文化转型发展受阻

传统陋习仍然是阻碍欠发达地区进行传统文化转型发展的重大阻力，优秀传统文化则是乡村文化建设工作中必须大力弘扬的一环，但受制于传统文化本身的闭塞性和数字传媒的冲击，优秀传统文化的发展阻力重重。

1. 传统文化在乡村明显衰落

受现代多元娱乐活动冲击，村民对传统文化逐渐失去兴趣，优秀的传统节日风俗和戏曲文化在农村失去传承土壤。根据调查数据，仅有29.1%的村庄拥有自己的传统戏曲班子。如山东省费县为例，农村"空心村"问题突出，年轻人大多向往城市的生活，一些传统的民俗文化面临无人继承的困境。

2. 传统文化资源挖掘不充分

优秀传统文化往往体现为"活态"的民间文化，是一种体现农民思维方式和审美取向的物质表现或精神表现。很多乡村拥有丰富的优秀传统文化，如手工艺、民俗等，但乡村自身并没有认识到这些特殊性，缺少了对这些文化资源的深度挖掘。根据本次实地调查，在422个样本村庄中，仅有81个村庄能够挖掘本地的物质或非物质传统文化，其中，又仅有33个村庄能够利用传统文化资源发展文化产业。

3. 传统文化的保护工作缺位严重

只有先做好优秀传统文化的保护工作，才能开展后续的传承、利用、发扬等工作，但在实际调查中，传统文化资源的保护在许多乡村中并不受重视。从物质文化资源来看，劳动生产旧址、淘汰的生产工具等大多被随意地抛掷在野外，有历史意义、教育意义或者纪念意义的一些旧文献、旧物件分散在村户家中，没有专人进行保护和整理；从精神文化资源来看，本地特殊节日、传统风俗、被现代机械取代的传统生产技能抑或民间故事与传说等，大部分仍然通过口口相传的方式传播和继承，没有形成文字资料，无疑会给保护工作的前期准备增加困难。以河北省阜平县史家寨村的窑洞群为例，缺少保护和修缮措施，并且发展的配套设施还有待提高完善，缺少陈列展示设施，虽设有 1 座简单陈列室，但是距离系统全面展示晋察冀边区政府及军区司令部在史家寨期间的历史脉络和革命价值还有一定差距，没有开展专门历史研究，不能完全实现有物可看、有史可讲、有事可说。

4．传统陋习依然存在

以高额彩礼、红白喜事大操大办为代表的传统陋习依然存在于欠发达农村地区，再如丧葬乱象的引导工作开展不足，移风易俗的工作难度依然巨大。以东北地区为例，其彩礼额度高达人均年收入的 643%，中部地区存在大操大办现象的村庄占了 21.5%。

（二）公共文化供给侧质量不高

要让农民共享现代文化发展的成果，很大程度上依赖于公共文化的供给质量。调查显示，乡村公共文化供给存在数量不足、管护工作的缺位、与农户文化需求出现偏差等问题。

1．公共文化基础设施供给数量和质量存在一定的不足

乡村公共文化设施供给的数量要有区别地进行看待。首先是通过覆盖率体现出的供给数量，根据调查数据显示，乡村图书室、健身场所和戏曲舞台的覆盖率分别为 96%、79.6% 和 44.1%。但是根据实际考察发现，大多乡村图书室同时还是会议室、活动室、接待室，甚至是储藏室；也有不少健身场所被车辆或大型农机占用；戏曲舞台的覆盖率本身就低，在农忙时节索性就充当了晒粮场的角色。再具体地看这些被覆盖村庄的具体设备供给量，有 50.3% 的公共文化场所存在设备短缺问题。以河南省新县为例，多个自然村共用一处公共文化设施的问题比较严重，也出现了公共文化场所被占用的问题，因此无法满足群众的需求。

2．管护工作的缺位

公共文化基础设施存在"重建设、轻管护"的问题。一方面表现为基础设施的供给质量和使用率较低。例如，乡村图书室与城市地区的图书资源存在一定程度的差异，图书室服务质量较低和使用率较低的问题。另一方面，公共文化基础设施还在一定的比例上因使用不规范、管理不到位、维修不及时而产生了损坏。例如，体育健身场所严重损坏的村庄比例达到 15.5%。

3．公共文化供给与农村需求存在偏差

背离群众文化需求的公共文化设施的建设既不能满足丰富乡民休闲生活的需求，又无法真正促进乡村文化振兴，还占用了农村资源。公共文化的参与率可以粗略地反映供给是否对接了群众需求。以组织观看电影的村庄为例，平均覆盖率可达 84.6%，年均开展次数和单次平均时长分别为 9.9 次 / 年和 3.67 小时 / 次，从供给水平上来看无疑是达标的。但是再查看平均观看人数就暴露出了问题，平均每次参与人数只有 82.8 人，相对于村庄人口来说仅仅达到了 3.5% 的受众率。这说明放映电影的文化供给形式表现出了一定程度的落后性，而乡村文化振兴建设工作者尚未意识到这一问题，没有进行模式创新。

（三）文化与产业结合存在障碍

文化产业发展方面，各旅游景区景点集聚度还不高，文化旅游融合度还不强，乡村旅游等新兴业态培育不足，乡村文化产业的服务水平与服务意识距离现代服务业的要求还有差距。发展文旅产业虽然对乡村基础设施建设具有带动作用，但是现阶段反而受到较低水平的道路交通和旅游接待水平等基础配套的限制。

对于革命老区而言，红色文化资料较为丰富，红色文化产业也是文化与产业联动发展的重点。据调查，红色文化产业发展中遇到一定的瓶颈。

1．红色文化产业嵌入旅游主线程度不深

红色文化具有分散性的特点，在同一个县城可能存在多处红色文化资

源，但是将红色文化资源转化为红色文化产业的比例却不高，或者转化为产业的规模也比较小。以湖南省汝城县为例，该县有 11 处红色文化旅游资源，但仅有 3 处红色文化资源转化成了红色文化产业，且其中 1 处还在开发阶段，已建成的红色文化产业投入较大，但实现产值规模非常小。

2．缺乏红色文化保护措施

作战遗址、烈士故居等常见的红色文化资源的保护现状不容乐观。从村民的角度来看，对红色文化资源的认识不足、保护意识淡薄是造成红色文化资源消散于田野的主因；从主管单位的角度看，由于缺乏工作依据细则，无上级部门规划引领和梳理整治工作量巨大等原因，也普遍存在着保护措施不到位的现象。

3．缺乏富含红色内涵的文化产品

文化产品的推广是文化旅游的核心产值实现方式之一。文化产品本身具有多样性，红色文化资源应在保持这种多样性的基础上赋予文化产品以独特性，但实际调查情况说明红色文化产品处于"空白"状态，没有产品开发也就无法创造需求，既没有起到文化推广作用也没有兼顾经济效益。

（四）乡村人才队伍扩张困境

乡村文化振兴工作离不开人才队伍的引领作用，但是与其他领域的乡村工作所面对的问题一样，乡村文化建设也存在人才短缺的问题。第一，部分地区乡村文艺人才队伍缺乏问题凸显。以安徽省潜山市为例，没有文化建设方面的专业人才，以致不能很好带动农村文化发展。第二，部分地区在文化旅游产业发展方面，缺乏现代农旅人才。人才是提升红色文化旅游产业服务内涵与质量的关键，也是促进红色文化旅游产业和其他产业相互关联的枢纽。以湖南省汝城县为例，该地区红色文化旅游面临开发红色旧址、提升服务质量、创新服务形式等一系列红色旅游与现代旅游结合、打造有高度的红色农旅基地的问题，亟须壮大现代农旅人才队伍。

四、典型案例和经验做法：山西省武乡县红色文化资源的开发与利用

（一）背景及成效

武乡县位于山西省东南部，长治市最北端，是国家扶贫开发工作重点县，总面积 1610 平方公里，辖 6 乡 6 镇 269 个行政村，总人口 21 万，农业人口 17.8 万。2013 年，全县共有建档立卡贫困人口 18787 户 55088 人，贫困村 215 个（按原有 377 个行政村统计），贫困发生率为 30.9%。武乡县委、县政府始终把脱贫攻坚作为头等大事和第一民生工程，以"打不赢脱贫攻坚战，就对不起这块红色土地"的使命担当，坚决扛牢脱贫攻坚主体责任，认真落实"五个一批""六个精准"等部署要求，持续加大投入力度、工作力度、帮扶力度，全力夯实脱贫基础、提高脱贫成色、确保脱贫成效。经过不懈努力，全县所有贫困人口全部脱贫，215 个贫困村全部整村退出，脱贫攻坚战取得全面胜利。2019 年 10 月，武乡县脱贫攻坚领导小组荣获"全省脱贫攻坚组织创新奖"；2021 年 2 月，武乡县脱贫攻坚领导小组荣获"全国脱贫攻坚先进集体"；武乡县脱贫攻坚工作成效考核连续 5 年位于全省第一方阵。

武乡是全国著名的革命老区，是伟大太行精神的主要孕育地，拥有丰富的红色文化资源。抗日战争时期，武乡是华北抗日的指挥中枢。八路军总司令部、一二九师司令部、中共中央北方局、抗日军政大学总校、兵工学校等首脑机关曾在这里长期驻扎。在这块英雄的土地上"山山埋忠骨、岭岭皆丰碑，村村住过八路军、户户出过子弟兵"，整个武乡县就是一座没有围墙的革命历史博物馆。根据武乡县文物摸底普查，各类红色革命旧址达 1768 处，其中县保及以上机构旧址多达 223 处，是全国以八路军为核心的红色旧址数量最多的县。目前，武乡县是国家爱国主义教育基地、国家国防教育示范基地、全国青少年太行革命传统教育基地。

武乡县委、县政府紧紧围绕党中央、国务院关于新时代支持革命老区在新发展阶段巩固拓展脱贫攻坚成果，促进革命老区振兴发展的决策部署，以"弘扬太行精神、共建创新武乡"为主线，以八路军总部王家峪旧址"1+9"革命文物保护利用片区为核心，把武乡打造成为彰显中华民族精神高地、弘扬太行精神传承地、红色文化旅游融合发展首选地、乡村振兴发展的示范地。

在县委、县政府的引导下，武乡县文化资源已经得到一定程度的挖掘与利用，红色文化产业已形成一定的规模。武乡县韩北镇开发红色资源历史较为悠久，依托当地红色文化资源，2020 年接待旅游参观人次已突破十万人次，实现产值 500 万元。"后起之秀"监漳镇也于 2019 年开始开发红色文化资源，经过一年的发展与探究，就能在 2020 年接待旅游参观 2500 人次，实现产值 10 万元，并带动当地就业。从村庄层面来看，此次基期调查涉及的 4 个项目村庄中，有 3 个村庄能够利用当地红色文化，并带动传统文化资源和历史古迹资源的开发，1 个村可以利用自然景观形成产业。例如，王家峪村利用红色资源 2020 年接待游客 50000 人次，实现产值 15 万元。

（二）经验做法

一是加强组织领导，落实主体责任。武乡县编制了《山西省武乡县红色资源运用引领乡村振兴示范区项目实施方案》，成立武乡县红色资源运用引领乡村振兴示范区项目工作领导小组，书记、县长亲自挂帅，县委、县政府分管领导部署指挥，乡村振兴局牵头，抽调示范区涉及单位、乡镇相关人员成立工作小组，负责贯彻推进、督导落实领导小组决策，下设综合协调、项目商务、工程推进、宣传推广、督导考核 5 个工作小组开展具体工作。

二是积极整合资源，推进有序发展。通过整合政策、资金、文化资源，全力推进红色文化资源的开发与利用。

在政策方面，积极落实国家战略部署，以《国务院关于新时代支持革命老区振兴发展的意见》《中央专项彩票公益金支持欠发达革命老区乡村振兴项目资金管理办法》等政策作为支撑，充分解读利用政策，把政策落实到位，为老区人民谋福祉。

在资金方面，以示范区建设项目为例，项目总投资约 48100 万元，其中，争取中央专项彩票公益金支持欠发达革命老区乡村振兴项目资金 5000 万元，县级落实 2409.95 万元，示范区前期费用 916.09 万元，全域旅游公司综合服务中心 1173.86 万元，下北漳村游客服务中心 320 万元。

在文化资源方面，通过红色旅游专线公路提升利用，串联"1+9"乡村片区沿线八路军太行纪念馆、八路军总部王家峪旧址纪念馆、鲁艺旧址等优质红色资源，实现武乡县红色资源的串联展示，真正实现全域旅游。同时对王家峪八路军总部、上北漳村中共中央北方局党校旧址等革命文物的陈设、布展，形成体系化的游览线路和整体的"展示片区效应"，充分展示与阐释革命文物价值。以示范区建设项目为例，项目重点打造以八路军总司令部王家峪旧址为核心的"1+4 片区"，一方面与太行干部学院、八路军文化园、八路军太行纪念馆等成熟项目形成有效资源联动，实现整体品牌建设、市场联动。另一方面项目带动农特产品销售、乡村服务等旅游要素完善提升，实现文旅资源与服务要素的融合发展。同时，红色文化产业发展过程中，劳动力需求增大，劳动就业类型增多，可有效促进当地人员就近就地就业。

三是加强绩效管理，促进群众增收。至 2021 年，一二三产融合发展格局制度及体系初步形成。至 2022 年，农业发展规模化，谷子示范种植、梅杏种植实现增产增收 5% 以上；红色文旅产业市场吸引力与占有率提升，旅游服务设施合理化；乡村治理制度与体系基本健全，村民可支配收入进一步提升。至 2023 年，一二三产融合发展格局基本形成，谷子示范种植、梅杏种植实现增产增收 8% 以上，创建 2 个国家级现代农业产业园；武乡红色文旅产业品牌化，旅游服务设施基本完善；生态宜居建设与民生保障基本完成，乡村治理体系化。至 2024 年，一二三产融合发展格局稳固，在全国形成示范，谷子示范种植、梅杏种植实现增产增收 10% 以上；武乡红色品牌在全国具有一定知名度，创建 1 个 5A 级景区，旅游服务设施满足游客需求；生态宜居，民生保障充足，乡村治理健全，农民精神文化生活需求基本得到满足，村民可支配收入进一步提升。绩效管理总体目标为通过示范区建设，按照产业兴旺、生态宜居、乡风文明、治理有效、生活富裕总要求，推动乡村产业质量效益和竞争力有效提升，群众生产生活条件持续改善，农民收入增速高于全国农民平均水平，获得感、幸福感、安全感明显增强。充分发挥革命老区特殊优势，努力创建引领革命老区高质量发展的乡村振兴范例。具体指标为产出指标、效益指标、满意度指标三类。

四是做好后续规划，促进融合发展。第一是完善建设，发挥示范作用，成为全国乡村振兴的样板。武乡县下一步计划进一步与周边资源进行串联整合，带动区域周边乃至整个武乡的发展，同时能够将其经验、方法推广至全省乃至整个晋冀豫片区，打造全国乡村振兴观摩点与示范点。第二是创新运营，实现武乡红色品牌知名度的跨越升级。对内加强与周边太行干部学院、武乡八路军文化园的联动，在研学教育、党政培训、红色旅游、非遗体验等旅游、参观、培训领域建立全面、深入的战略合作关系，不断扩大市场影响力，全力打造"中国乡村红色文化记忆工程"。对外对标延安、遵义、西柏坡、井冈山等国内知名红色景区，加强协同发展，形成红色联盟，打造武乡特色红色旅游品牌产品。第三是促进融合，全面带动乡村振兴。持续推动"产业 +"融合发展，以红色旅游为驱动，以乡村旅游赋能乡村振兴，实现以红色文旅产业为引擎，带动乡村全面振兴。

五、加快文化振兴的建议

（一）激发优秀传统文化内生动力

第一，大力推进文化自信建设。文化自信是"四个自信"的根本，更是乡村文化振兴建设的必要条件。根植于几千年乡村生活的传统文化拥有深厚底蕴，这也是建立文化自信的底气，只有建立文化自信，才能从根本上激发优秀传统文化的活力与生命力。

第二，加大乡村文化宣传力度。既要做到对内宣传，也要做到对外宣传。作为本地人，建立文化自信就必须熟知当地的传统文化，传统的口口相传的传播方式已经逐渐不适应现代要求，因此必须做好对内宣传工作，营造传统文化氤氲于乡村各处的氛围。对外宣传则是通过吸引外界关注的方法来反作用于传统文化，可以通过互联网、电视、广播、微信群、公众号等相关媒体拓宽宣传的途径，传播核心价值观。同时加大宣传投入力度，增强传统文化技艺的吸引力，传播群众喜闻乐见、通俗易懂、贴近百姓的优秀传统文化。

第三，创新传统文化输出形式。优秀传统文化，如传统戏曲、手工艺等之所以面临发展困境，一个重要原因就是其对外输出形式是落后于时代的，从而导致传播困难、传承断代，最终逐步走向消亡。为此，必须创新传统文化传播形式，结合数字媒体作为信息载体，通过视频、直播等形式吸引年轻人，在输出形式创新的过程中也进行自我革新，不断适应时代要求。

第四，引导传统陋习转向现代文明。对于不同形式的传统陋习，首要工作就是有针对性地出台管理法则，使得基层组织可以按章行事。其次是要提高基层组织的责任意识，对理应阻止的传统陋习及时进行劝阻。最后是要主动提供群众满意的方案，如对于丧葬陋习的现象，不能只进行简单粗暴的干预行为，还可以通过提供公益性墓地等方式进行疏导，逐渐实现传统文化的扬弃。

（二）公共文化供给需从重建设转向重服务

第一，引入外力继续扩大公共文化供给。持续通过引入社会资本、政府财政补贴和政策支持等方式，扩大乡村文化公共产品供给，以解决供给覆盖不足、供给数量短缺的问题。

第二，转变公共文化供给思路。从"重建设、轻管护"转向"精准建设、强化服务"，不仅做到提供乡村公共文化产品，还要做好教学、管理、维护等服务工作。

第三，做好需求调研和供给方式创新工作。群众参与度不高的重要原因就在于供给方式出现了偏差，群众对公共文化产品、活动不感兴趣，自然降低了开展乡村文化建设的预期成效。这就要求乡村文化振兴建设过程中必须做好农民对文化的需求调研，并根据调研结果创新供给方式，最终提高群众参与度与满意度。

（三）探索红色文化振兴与产业振兴联动发展

乡村文化振兴可以借助产业兴旺的东风，文化要发展，必须实现价值增值和可持续发展，在传播优秀文化的同时兼顾一定的经济效益，以实现文化与经济的良性循环。

对于革命老区而言，红色文化资源具有分散性、多样性和独特性，发展红色文化产业具有示范作用。

第一，整合区域内旅游资源，协同发展红色文化产业。针对红色文化资源的分散性，必须合理配置资源要素，尤其对于跨行政区域的零散红色文化资源更要做到协同开发，避免重复投入、重复利用等现象。在整合资源过程中，不仅仅局限于红色文化资源，更要结合当地其他旅游资源的地理空间分布，打造旅游产业片区，规划合理旅游路线，实现区域内文化资源统一地串联展示、全域旅游。

第二，结合产业发展，提升红色文化资源的保护力度。红色文化资源具有多样性，既具有物质形态，又具有精神形态，不论哪一种表现形式都必须进行保护。群众自发性的保护措施和基层单位的保护力度是远远不够的，只有将红色文化资源以产业形式展现在群众眼前，并且体现出一定的产值实现能力，才能激发群众的文化保护自觉性和上级部门的关注度，红色文化产业发展越充分，红色文化资源的发掘与保护就越完善。

第三，合理实现价值增值，争取社会效益与经济效益双赢。红色文化固然是具有社会公益性的，并不以带动经济增长为所长，一般会以陈列、展示、讲述的方式传播红色精神。通过结合产业，适当引导多端消费，可以共同促进文化振兴和产业振兴。依托红色资源优势，提升红色文化产业吸引力，以旅游、演艺、旧址遗迹等新业态打造具有革命老区特质的红色旅游产业。还可以充分利用红色文化产业的园区，进行影视作品等文艺产品的开发，既推广了红色文化、传播革命精神，又取得了一定的经济收益，真正做到以文化推动经济社会的转型升级。

（四）壮大文化建设的人才队伍

一是要加强文艺人才队伍的建设。通过加大宣传、提供奖励、进行培训等方式，提升对文化建设方面人才的吸引力。

二是以红色文化旅游产业为龙头，带动相关产业发展，从而吸引外部旅游经营管理人才，增加与相关红色旅游机构的学习和交流的机会，培养本地旅游经营管理人才队伍。提升市场活力和增加就业机会，吸引各类人才回流，助力乡村振兴。通过红色文旅及相关产业发展，增加市场机会和就业机会，吸引投资主体、经营主体和各类技能人才返乡创业就业，实现以产业发展带动人才发展。

参考文献

[1] 李文峰，姜佳将．老区与新乡：乡村振兴战略下的文化传承与反

哺——以浙江余姚梁弄镇革命老区为例[J].浙江社会科学，2018（9）：77-83.

[2] 李文峰，姜佳将.老区与新乡：乡村振兴战略下的文化传承与反哺——以浙江余姚梁弄镇革命老区为例[J].浙江社会科学，2018（9）：157-158.

[3] 蒋家胜.弘扬革命老区精神 提升巴蜀文化软实力[J].西南民族大学学报（人文社科版），2011，32（S3）：275-279.

[4] 田修胜，胡树祥.发扬红色传统 传承老区精神 培育时代新人——以湖南革命老区红色文化为例[J].思想教育研究，2019（6）：78-81.

[5] 孟祥林.乡村公共文化内卷化困境与对策[J].西北农林科技大学学报（社会科学版），2019，19（5）：40-47.

第五章

革命老区生态振兴
研究报告

● 本章作者：林海，中国农业大学经济管理学院

副教授、中国农业大学国家乡村振兴研究院革命老

区研究中心副主任。

革命老区生态振兴建设，既有其由于经济相对落后所带来的发展上的困难，也有着老区生态环境和红色文化带来的独特优势。利用好革命老区的绿水青山，建设生态宜居、环境优美的革命老区，带领革命老区人民过上幸福美好生活，需要从绿色农业生产、清洁能源使用、生活垃圾和污水处理等多个方面入手，实现革命老区生态振兴。

革命老区生态振兴，对于全国实现"双碳"目标也具有重要的现实意义。中国在全球气候治理中扮演着关键角色，2020 年 9 月 22 日习近平总书记在第七十五届联合国大会上作出承诺："中国将提高国家自主贡献力度，采取更加有力的政策和措施，二氧化碳排放力争于 2030 年前达到峰值，努力争取 2060 年前实现碳中和目标。"这是中国首次在国际社会上提出碳达峰与碳中和的目标，明确了中国向低碳经济增长方式转变的决心。2021 年 3 月 15 日，中央财经委员会第九次会议上习近平总书记发表讲话强调：实现碳达峰、碳中和是一场广泛而深刻的经济社会系统性变革，要把碳达峰、碳中和纳入生态文明建设总体布局。农业部门具备碳汇和碳源的双重属性，其固碳减排潜力巨大。当前，中国正处于绿色农业转型与高质量发展的关键期，推动农业部门固碳减排是实现双碳目标的重要方面。革命老区以山区为主，森林覆盖率较高、农业占据重要经济地位的现实情况，决定了革命老区的生态振兴与发展，必然将在我国实现双碳目标的进程中起到不可磨灭的作用。

本报告部分将首先考察革命老区生态振兴研究现状，并基于对中央彩票专项资金支持欠发达革命老区乡村振兴项目的基线调查，分析欠发达革命老区生态振兴实际情况，找出其中存在的问题，并综合各方面材料，分析提出促进革命老区生态振兴的建议与对策。基线调查的结果显示革命老区生态振兴的总体情况较好，多数地区生态环境保持得很好，森林覆盖率高，人居环境得到较大改善，农业生产绿色转型势头良好，但是也存在着需要改进的地方，比如农村污水处理、垃圾分类回收等还需要加强管理，制定相应的激励政策，推动农村生态振兴。

一、乡村生态振兴的政策背景与研究现状

（一）乡村生态振兴政策的演变

乡村生态振兴是乡村振兴中极为重要的一环。生态环境是乡村农业生产和农民生活的重要保障。早在 2005 年 8 月，时任浙江省委书记的习近平于浙江湖州安吉考察时就指出"绿水青山就是金山银山"，并在其后多次讲话中提及要践行"绿水青山就是金山银山"发展理念，"把绿水青山建得更美，把金山银山做得更大"。2021 年 10 月 12 日，习近平出席《生物多样性公约》第十五次缔约方大会，并发表主旨讲话提出"绿水青山就是金山银山。良好生态环境既是自然财富，也是经济财富，关系经济社会发展潜力和后劲。我们要加快形成绿色发展方式，促进经济发展和环境保护双赢，构建经济与环境协同共进的地球家园"，把生态环境提高到前所未有的高度。

从"三农"角度来看，早期的美丽乡村建设就包含了生态振兴的内容。2013 年中央一号文件提出要"推进农村生态文明建设"，为此，需要"加强农村生态建设、环境保护和综合整治，努力建设美丽乡村……加强农作物秸秆综合利用。搞好农村垃圾、污水处理和土壤环境治理，实施乡村清洁工程，加快农村河道、水环境综合整治。发展乡村旅游和休闲农业。创建生态文明示范县和示范村镇。开展宜居村镇建设综合技术集成示范"。由此可见，早期的美丽乡村政策，包含了生态振兴的内容。为落实该年一号文件要求，2013 年 4 月 21 日，《农业部办公厅关于开展"美丽乡村"创建活动的意见》（农办科〔2013〕10 号）从推进生态文明建设、加强农村生态环境保护、改善农村人居环境等方面阐述了生态文明建设的重要意义，并提出具体的创建工作思路和重点工作，把美丽乡村建设与生产、农村生活和经济社会发展结合起来，不断试点和推广。在此基础上，其后多年的中央一号文件，都把生态文明建设放在了重要位置，提出要通过退耕还林、生态补偿等方式，统筹山水林田湖草系统治理，推行绿色农业生产

方式，推进乡村绿色发展，打造人与自然和谐共生发展新格局，补齐农村人居环境短板等政策举措，并最终提出作为乡村振兴重要组成部分的生态振兴政策。

乡村振兴政策提出后，生态振兴成为五大振兴中关键的一环，并在国家宏观政策中占据重要地位。2017年10月18日党的十九大报告中，首次提出的乡村振兴政策，其中也多次提到了生态振兴、生态文明等相关内容。报告中写道"要坚持农业农村优先发展，按照产业兴旺、生态宜居、乡风文明、治理有效、生活富裕的总要求，建立健全城乡融合发展体制机制和政策体系，加快推进农业农村现代化"，首次明确生态宜居是乡村振兴的重要组成部分。同时，十九大报告还高度重视生态文明，"坚持人与自然和谐共生。建设生态文明是中华民族永续发展的千年大计。必须树立和践行绿水青山就是金山银山的理念……实行最严格的生态环境保护制度，形成绿色发展方式和生活方式，坚定走生产发展、生活富裕、生态良好的文明发展道路，建设美丽中国……"为此，报告第九部分"加快生态文明体制改革，建设美丽中国"中提出："人与自然是生命共同体，人类必须尊重自然、顺应自然、保护自然。"为此，报告提出要改革生态环境监管体制，"加强对生态文明建设的总体设计和组织领导，设立国有自然资源资产管理和自然生态监管机构，完善生态环境管理制度，统一行使全民所有自然资源资产所有者职责，统一行使所有国土空间用途管制和生态保护修复职责，统一行使监管城乡各类污染排放和行政执法职责。构建国土空间开发保护制度，完善主体功能区配套政策，建立以国家公园为主体的自然保护地体系。坚决制止和惩处破坏生态环境行为"，进而设立国有自然资源资产管理和自然生态监管机构，即新组建自然资源部和生态环境部等部门，由此可见生态振兴和生态文明建设工作的重要性。2021年4月29日第十三届全国人民代表大会常务委员会第二十八次会议通过的《中华人民共和国乡村振兴促进法》第三条提到要"生态宜居""保护生态环境"，第四条第三款提到要

"坚持人与自然和谐共生，统筹山水林田湖草沙系统治理，推动绿色发展，推进生态文明建设"，并在第五章用七个法条从生态保护和补偿、绿色农业生产和人居环境改善三个方面为乡村生态保护与生态振兴提供了制度的保障。

为此，国家各部门也针对生态振兴专门出台了一系列政策，强调了生态振兴的重要性。《中华人民共和国国民经济和社会发展第十四个五年规划和 2035 年远景目标纲要》针对生态振兴，提出要"改善农村人居环境"，"开展农村人居环境整治提升行动，稳步解决'垃圾围村'和乡村黑臭水体等突出环境问题。推进农村生活垃圾就地分类和资源化利用，以乡镇政府驻地和中心村为重点梯次推进农村生活污水治理。支持因地制宜推进农村厕所革命。推进农村水系综合整治。深入开展村庄清洁和绿化行动，实现村庄公共空间及庭院房屋、村庄周边干净整洁"。另外，考虑到革命老区特殊类型地区发展问题，"十四五"规划还提出要"统筹推进革命老区振兴，因地制宜发展特色产业，传承弘扬红色文化，支持赣闽粤原中央苏区高质量发展示范，推进陕甘宁、大别山、左右江、川陕、沂蒙等革命老区绿色创新发展"。为贯彻落实党的十九大提出的"打赢精准脱贫攻坚战"和"实施乡村振兴战略"，进一步发挥生态环境保护和生态振兴在脱贫攻坚和乡村振兴中的重要作用，2020 年 6 月 9 日，由生态环境部办公厅、农业农村部办公厅和国务院扶贫办综合司发布的文件（环办科财〔2020〕13 号）《关于以生态振兴巩固脱贫攻坚成果　进一步推进乡村振兴的指导意见（2020—2022年）》指出："以习近平新时代中国特色社会主义思想为指导，全面贯彻党的十九大和十九届二中、三中、四中全会精神，围绕统筹推进'五位一体'总体布局和协调推进'四个全面'战略布局，落实新发展理念要求，切实践行'绿水青山就是金山银山'理念，以美丽乡村建设为导向提升生态宜居水平，以产业生态化和生态产业化为重点促进产业兴旺，以生态文化培育为基础增进乡风文明，以生态环境共建共治共享为目标推动取得治理实效，更好满足人民群众日益增长的美好生活需要。"文件强调了"生态宜居、生态产业、生态文化、生态共建"等四个方面建设重点，意在通过三年时间，使支撑生态振兴的生态环境保护制度和政策体系更加完善，为乡村振兴奠定坚实基础。

随之，各级地方政府也相应制订了生态振兴计划，从农业生产、农村居民生活和生态环境保护等各个方面着手，谋划乡村生态振兴。例如，福建省的《福建省乡村振兴生态专项规划（2018—2022 年）》，围绕"村更美、山更好、水更清、林更优、田更洁、天更蓝、海更净、业更兴"等八方面提出具体要求，并推动全省各地根据本地情况，制定本区工作方案，建设宜居乡村。浙江的《浙江省乡村振兴战略规划（2018—2022 年）》提出，要"建设花园式美丽乡村"，"牢固树立绿水青山就是金山银山的理念，坚持山水林田湖草是一个生命共同体的系统思想，继续深化'千万工程'，建设美丽生态系统……打造各美其美、美美与共的'大花园'，让美丽乡村成为美丽浙江的底色"。北京市《关于做好 2022 年全面推进乡村振兴重点工作的实施方案》提出，要"继续实施农村人居环境整治提升行动。以'百村示范、千村整治'工程为抓手，以'清脏、治乱、增绿、控污'为重点，建设宜居宜业美丽乡村……推动农业农村绿色发展。加强农业面源污染综合治理……全市森林资源碳汇能力增加 20 万吨，森林覆盖率达到 44.7% 以上……创建国家生态文明建设示范区和'绿水青山就是金山银山'实践创新基地……"。上海市印发《上海市 2021—2023 年生态环境保护和建设三年行动计划》提出"支持各类政策和资金向乡村振兴示范村、美丽乡村倾斜，加强资金使用和项目管理，建设乡村生态经济发展的示范样板"。以上政策文件，从各自不同的角度，对生态振兴相关问题作了相应的规定。其余各地也都在其"十四五"规划或相关文件中，针对生态振兴作出了相应的政策规划。

由此可见，实施生态振兴，建设生态宜居的乡村是未来中国乡村振兴战略的重要组成部分，革命老区乡村生态振兴工作是其中的重中之重。通过建立起系统有效的生态环境保护制度和政策措施，生态振兴将在生态环境保护、绿色农业生产和农村人居环境三方面发力，从而实现最终的乡村振兴与发展。革命老区以山区为主的实际情况，决定了革命老区的生态振兴更是关乎到脆弱的山区生态系统环境保护问题，特别是在革命老区仅用约全国四分之一的面积养育了超过一半的人口的情况下，要想让这一半人口在实现共同富裕的同时，实现生态振兴，确实是一项艰巨的任务。

（二）革命老区生态振兴的研究现状

对于生态振兴的研究，当前已经有较多宏观层面的理论分析，指出了生态振兴面临的主要问题和解决路径。张俊飚和王学婷[1]认为，生态振兴应当从制度、产业和理念多个层面上实现，包括制定和完善乡村生态振兴制度体系、倡导农村生产生活消费绿色化发展、培育并做大做强农村生态产业、建设和美化乡村生态宜居环境等。张远新[2]从当前农村生态振兴的农业生产、农民生活和村容村貌等现实问题入手，提出了全面推进乡村生态振兴的实践路径，包括农业绿色发展、改善农村人居环境和生态转移支付等方法。祁迎夏和刘艳丽[3]通过分析西部K市的乡村生态治理存在的问题，提出要通过秩序重构与整合来有效应对当前乡村生态文明建设过程中的治理维度，并给出具体的六个方面突破口和方向。

革命老区多位于山区，生态环境与经济发展间的矛盾较为突出，需要更多基于现实的考虑和优惠政策。曾雪玫[4]认为，革命老区部分地区自然环境恶劣，基础设施建设薄弱，抗灾能力较差，应当加强老区生态建设和环境保护、实施国家生态购买并给予相应的政策扶持，促进老区的生态文明建设。刘家庆[5]对甘肃革命老区脆弱的生态系统与社会经济发展之间的关系进行了讨论，着眼于解决开发与保护的矛盾、农村环境污染和生态补偿等问题，提出了在划分政府间生态事权的基础上明确各级政府的财政支出责任、在划分政府间生态事权的基础上明确各级政府的财政支出责任、建立完善有利于生态保护与建设的税费体系和改善农村生态环境等政策建议。

革命老区的生态振兴，可以通过与产业振兴、文化振兴相结合的方式推动老区发展。当前，已有多个革命老区通过红色旅游或生态旅游、特色产业、三产融合等方式，开始了探索生态振兴与产业发展的具体实践。例如，伏恬舒[6]以郴州汝城沙洲村为例，通过调研，指出革命老区发展红色旅游具有先天优势，并分析该地在红色旅游方面所做的实际工作和成效，指出存在的问题与瓶颈主要在于如何解决红色旅游的客源单一、游客停留时间短等问题，并提出应当通过优化运营模式等手段，促进支持革命老区。其他研究也论证了旅游发展对乡村振兴的综合作用[7]和生态与产业融合促进乡村振兴的路径[8]。

美丽乡村等农村基础设施建设及其配套政策、相关生态振兴指标的建立，是革命老区人居环境改善、实现生态振兴的重要基础。刘长江[9]指出，在全国大部分地区，美丽乡村建设都有效促进了人居环境的改善和乡村产业融合与发展，但是仍旧存在着如基层仅关注考核指标上的内容、"最后一公里"问题、三产融合深度不足、乡村文化开发不够等问题，并提出了应当加强领导、深化认识、塑造乡村新风貌、加强基础设施建设、特色产业和农旅融合等政策建议。郑利杰等[10]通过对湖北长江三峡地区秭归县、巴东县和宜都市生态振兴情况的分析，得出三地具有不同的生态振兴类型，并提出应当根据各地实际情况，因地制宜实现生态振兴的政策建议。马晓旭和华宇佳[11]构建了关于生态振兴成效评价的指标体系，用来衡量乡村生态振兴程度，并以江苏、浙江、安徽三省为例进行了初步分析，提出各省应当如何进行相应的政策调整。张灿强和付饶[12]也针对生态振兴建设，提出类似的设定目标，并给出相应的路径选择。

由以上对现有研究的分析可以看出，对于革命老区生态振兴这一研究主题而言，现有研究较多地针对其中的生态振兴部分进行了从理论、制度、实践模式等方面的研究，但是针对革命老区生态振兴现状和问题进行分析并提出解决问题建议的研究较少。本研究将在此基础上，试图通过综合各方面资料和数据，对革命老区生态振兴问题进行初步的分析和研究，以期能够为相关部门决策人员提供一个可选的思路。

二、欠发达革命老区生态振兴现状

欠发达革命老区的发展一直是党和国家关注的重点，"不能忘记为革命作出重大贡献的老区人民"，促进革命老区生态振兴是其中重要的一环。革命老区是党和人民军队的根，历史原因使得革命老区多数位于山区，特别是欠发达革命老区，多数地区生态环境相对脆弱，建设美丽乡村和人居环境困难较大，需要认真探索相关经验。欠发达革命老区的生态振兴，可以从改善老区农村人居环境、促进农业绿色生产、建立起有效的生态补偿机制等方面着手，逐步实现生态振兴。而良好的生态环境也将有利于推动革命老区开展红色旅游、生态旅游等产业，通过生态振兴促进产业振兴，并反过来推动生态振兴的更好发展，进一步提高革命老区人民的幸福感和获得感。为此，有必要通过调查，先深入了解革命老区农村人居环境和农业生产等与生态振兴相关的情况，摸清革命老区生态振兴相关情况，并有针对性地进行问题分析，提出政策应对措施。

中央彩票专项资金支持欠发达革命老区乡村振兴项目的基线调查，为研究革命老区生态振兴情况提供了宝贵的资料。2021 年，财政部和国家乡村振兴局使用中央专项彩票公益金 20 亿元在 28 个省（自治区、直辖市）40 个欠发达革命老区县（市、区）开展乡村振兴示范区建设，探索欠发达革命老区乡村振兴全面推进的有效机制，为实现共同富裕提供有益借鉴。为了解示范区建设情况，国家乡村振兴局中国扶贫发展中心委托中国农业大学牵头国内五家高校成立示范区建设情况调查组。2021 年 10 月 8—24 日，近 50 名师生分 13 个调查组赴 28 个省（自治区、直辖市）40 个示范区开展调查工作。通过实地考察和近千名省、市、县、乡镇、村干部座谈，了解到乡村生态振兴面临的最主要问题是农村生活污染，需要进一步整治提升。具体来看，虽然农村人居环境状况和居民生活条件改善明显，但是生活污水处理问题较为突出，农业生产行为也对农村环境有着一定程度的负面影响。为此，本部分将立足革命老区原有的生态环境优势，研究探索如何通过有效开发旅游、生态环保产品、生态补偿机制等方式，推动产业与生态互动，带动革命老区乡村发展。

通过基线调查资料表明，各乡村振兴示范区生态环境总体保持较好，成为其乡村振兴的重要支柱，同时，仍有继续上升的空间。具体来看，农村人居环境建设因各地实际情况而存在着一定的差异，基本上南方生态建设比北方好一些，直辖市郊区县生态建设比非直辖市好一些。绝大部分示范区的农村生活垃圾都得到了有效的收集处理，部分地区厕所改造推进较快，但是几乎在所有地方，农村污水处理都存在着或多或少的问题，需要高度重视。农业生产方面，农药和化肥减量问题已经受到高度重视，部分示范区由于有机农业的推广较好地解决了农药化肥减量问题，但是多数地区都没有形成农药和化肥包装回收制度，需要加强相关宣传。促进生态振兴的关键，在于有效地组织和领导，建立起生态环境保护的相应制度、制定适合本地实际情况的相关生态保护政策，并通过加强宣传和引导、将生态振兴与旅游、有机农业等产业振兴措施结合起来，充分利用好既有的国家有关革命老区振兴政策和生态补偿政策，发挥革命老区自身优势，推动生态振兴。

具体地，从基线调查的情况来看，作为示范区的革命老区部分地区，其生态振兴总体情况比较好，反映出近年来从国家到地方对于生态环境的重视，以及相关生态环境工作已经取得较好的成效。当然，由于革命老区前期在生态环境的各方面基础较为薄弱，即便取得了较大的进步，仍旧存在着需要改进的地方。

（一）示范区农村生态环境基线调查情况简述

从本次调查数据来看，示范区内生态振兴方面的主要优点是生态环境保持较好、农业绿色生产和人居环境建设取得一定成效。现有示范区面积的80%以上是丘陵和山区，森林覆盖率高，整体生态环境较好。由于近些年国家和地方政府对环境的重视，示范区各类野生动植物的种群有所恢复，活动明显增加，为发展生态经济、生态旅游提供有利条件。示范区的生态振兴与旅游、林下经济等产业振兴结合得比较好，为农民致富提供了有利条件。农业绿色生产发展势头良好，农药化肥的使用量减少，农业生产污染，包括畜禽粪便污染、水体污染等得到有效控制，秸秆综合利用率得到提高。人居环境方面，农村较多地使用清洁能源，包括垃圾处理、厕所改造等都取得较大进步。

国家与地方政府在生态振兴方面的工作主要体现在对人居和生态环境的规划与管理上。本次调查询问了示范区各乡镇和村干部，是否实施过与人居和生态环境有关的规划或项目。从示范区的乡镇问卷调查来看，绝大多数乡镇实施过与人居和生态环境有关的规划或项目。

调查也显示还存在着一定的问题。农村生活污染是多数乡镇关注的问题，农业生产与环境的主要问题是化肥与农药的使用。

调查是在乡镇和村两级分别进行的。这样调查主要是因为乡镇一级与村级的范围略有不同，乡镇一级相对反映较大范围内的宏观指标，村级则更侧重于比较具体的农民生产和生活问题。

（二）示范区各乡镇生态振兴情况

乡镇生态振兴情况反映出所调查的革命老区生态振兴情况相对较好。乡镇是最低一级政府，其设计和实施的生态振兴相关政策直接影响其辖区的所有村庄。乡镇层面的调查结果显示，几乎所有乡镇都实施过乡镇人居和生态环境的规划或项目，且绿化率较高，平均水冲厕所比例超过60%，农村生活污染是乡镇生态振兴面临的最主要问题。在受调查乡镇没有发现明显的农业生产污染问题。

1．乡镇人居和生态环境的规划或项目

在全部 79 个乡镇中，有 78 个乡镇开展了乡镇人居和生态环境的规划或项目，仅有一个乡镇认为"不适合"开展该项目。平均每个乡镇有 13.22 个村开展过村庄规划，有 13.11 个村开展过垃圾集中堆放处理，有 8.76 个项目村开展垃圾分类收集，有 6.62 个村有公共污水排放管道。这些乡镇的平均绿化覆盖率为 62.57%。生态振兴，规划先行，开展过规划的村庄平均数量大于具体实施垃圾集中堆放、分类和公共污水排放管道项目平均数量，说明生态振兴措施已经逐步从规划走向实践，未来还将有更进一步的较大空间。

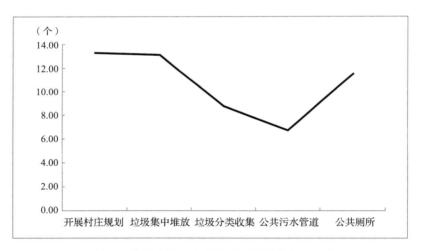

图 5.1　乡镇人居和生态环境的规划或项目情况

2．乡镇农村居民生活与污染

乡镇农村居民生活与污染主要从厕所、能源使用两个指标反映其问题。在全部 79 个乡镇中，平均每个乡镇有 11.4 个村有公共厕所，乡镇使用水冲厕所、卫生旱厕和一般旱厕的农户比例平均约为 63.65%、19.35% 和 20.63%。经济发达地区的农村如北京、天津、上海和广东等地区水冲厕所比例较高，而中西部地区如山西和内蒙古等地区的使用水冲厕所的比例较低。从清洁能源使用情况来看，乡镇农民家庭使用燃气或液化气的比例约为50.79%，说明相当多的农村居民已经摆脱烧柴做饭取暖的生活，减少了对生态环境的破坏。有47个乡镇认为农村生活污染是乡镇生态振兴面临的最主要问题，可见，农村生活污染的治理需要进一步关注。随着农民收入的提高，农村水冲厕所和使用清洁能源的比例都逐渐升高，这极大地改善了农村居民生活的舒适度，也有助于农村地区吸引更多人来农村旅游、发展红色旅游和民俗旅游。

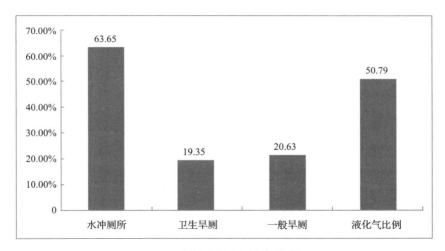

图 5.2 乡镇农村生活与污染情况

3．乡镇农业生产与环境

乡镇农业生产与环境是通过秸秆综合利用率、畜禽粪污综合利用率、农田污染和水体污染几个指标反映出来的。在全部79个乡镇中，主要农作物秸秆综合利用率平均为82.19%，主要的利用方式是粉碎还田和生活能源，部分地区还将粉碎的秸秆用于饲料，既避免了秸秆焚烧带来的风险，又有效解决了饲料问题，可谓是一举多得。养殖产生的畜禽粪污综合利用率平均约为81.14%，主要的利用方式是有机肥。这两个指标较高，说明农业生产中的土壤环境已经从过去较多依赖化肥向使用有机肥转变，这是一个很好的开端。

农田污染仍旧存在，但并不严重。在全部 79 个乡镇中，有 24 个乡镇认为乡镇农田受到的污染不严重，有 16 个乡镇认为农田有中等强度的污染，34 个乡镇认为没有污染，有 3 个不清楚情况，分别占比 30.38%、20.25%、43.03% 和 3.79%。造成农田污染的主要原因在于使用化肥与农药。

水体污染仅有个别报告，总体情况较好。在全部 79 个乡镇中，有 1 个乡镇认为乡镇水体受到污染情况较为严重，有 11 个乡镇认为污染一般，有 62 个乡镇几乎没有污染，有 2 个乡镇附近没有水体，分别占比为 1.26%、13.92%、78.48% 和 2.53%。水体受到污染的主要原因是化肥与农药的使用。有 66 个乡镇进行过小流域小湖泊小池塘治理，有 12 个乡镇没有进行治理。可见，化肥与农药的使用造成农田污染和水体污染的主要原因，值得重点关注。下文对于村庄调查结果的分析，将有助于理解化肥农药问题的实际情况。

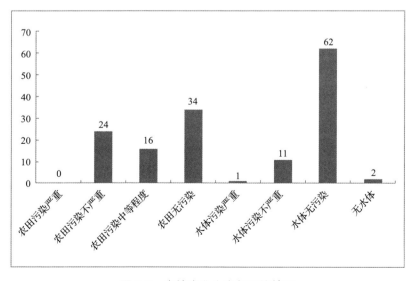

图 5.3　乡镇农业生产与环境情况

（三）示范区各农村生态振兴情况

村庄层面的情况与乡镇层面略有不同，但是基本能够相互印证。从示范区的村庄问卷调查来看，绝大多数村庄进行过与人居和生态环境相关的规划或项目，主要是"美丽乡村"和"生态旅游"项目。在农村生活方面，多数村庄能够做到农村生活垃圾收集，但是仅有半数能够做到初步垃圾分类；厕所改造进度较慢，是人居环境建设的重点和难题。在农业生产方面，农膜及农药化肥包装物的回收率不高，畜禽粪便综合利用率较高，存在一定程度的农田污染。总的来说，最主要的问题还是农村生活污染的治理。

1．村庄人居和生态环境的规划或项目

在调查涉及的全部 421 个村庄中，有 377 个村庄开展过"涉及村庄人居和生态环境的规划"，占比约为 89.54%，其中，进行"美丽乡村"和"生态旅游"的项目村分别有 242 个和 34 个，占比分别为 64.19% 和 9.01%。未开展的主要原因是"缺乏资金""条件限制"以及"正在规划但尚未开展"。由此可见，受调查村庄绝大多数已经开展过与生态振兴相关的规划，对生态振兴相关工作比较关注。即便是没有实施相关规划的村庄，也主要是正在规划或受资金等条件限制。未来如果条件允许，各村庄都将开展相应的规划，推动村庄生态振兴。

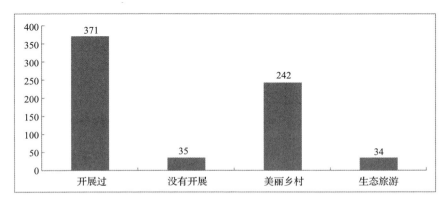

图 5.4　村庄人居和生态环境的规划或项目情况

2．村庄绿化覆盖率

所有项目村的平均绿化覆盖率为 50.12%，远高于全国平均水平的 22.96%。其中，有 222 个村庄绿化覆盖率小于平均值，有 199 个村庄绿化覆盖率高于平均值。绿化覆盖率与人为因素有关，也和自然条件有关，分区域绿色覆盖率的差异也较为明显。森林覆盖率高，主要原因是革命老区原本就多为山区，林区面积较大，加之近年来的退耕还林政策，革命老区的森林受到了较好的保护。这使得革命老区的生态环境得到了较大的改善，也为革命老区提供了宝贵的财富，未来可以考虑使用林业碳汇项目，以实现生态价值、惠及老区群众。

3．村庄垃圾处理

首先，在垃圾集中堆放上，有 380 个项目村实现了垃圾的集中堆放，有 41 个项目村没有开展垃圾集中堆放，占比分别为 90.26% 和 9.74%。集中堆放比例较高，说明农村生活垃圾已经能够初步收集处理。这与前些年"美丽乡村"政策推动有关，绝大多数村庄都配置了垃圾收集点，以及相应的垃圾清运和处理措施，农村地区人居环境改善效果明显。

其次，在垃圾分类上，有 201 个项目村实现了垃圾的分类收集，有 216 个项目村没有实现分类收集，有 4 个村没有回答，实行垃圾分类与没有实现垃圾分类的项目村占比分别为 47.74% 和 51.30%。其中没有实现垃圾分类的主要原因，有 114 个村是由于"没有制定分类制度和配套垃圾箱"，有 39 个村是由于"农户不了解生活分类的标准和要求"，有 18 个村是由于"没有监督"，其他原因有"条件不成熟""村民意识不足"等，其在事实上反映了相关制度的缺失以及垃圾分类意识没有深入人心。这可能是政策制定过程中仅仅强调垃圾集中堆放和处理，并没有考虑到垃圾减量，需要政策上予以考虑，制定应对的措施。

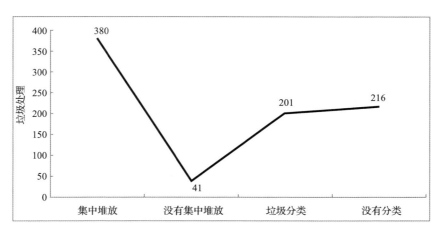

图 5.5 村庄垃圾处理情况

4.村庄污水处理

污水处理的方式需要进一步去改善。有 187 个村的村民污水处理"没有经过任何处理直接排放",有 110 个村的村民"通过公共污水排放管道集中排放",有 89 个村的村民"通过分户污水处理装置排放",占比分别为 44.41%、26.12% 和 21.14%。由此可见,污水排放问题是近期急需解决的问题,无论是没有经过任何处理直接排放,还是通过公共污水排放管道集中排放,都可能面临着一定的问题,需要在未来予以妥善解决。特别是在部分发

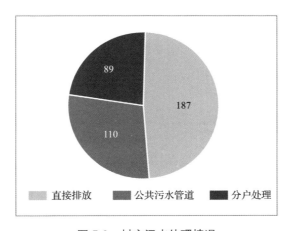

图 5.6 村庄污水处理情况

展旅游的地区，如农家乐、红色旅游、生态旅游等吸引较多游客的村庄，如果不能有效解决污水排放问题，将会在游客接待上受到较大的限制，甚至可能因为游客的负面评价而减少客流量。

5．村庄厕所使用

在所有项目村的村民厕所使用中，使用水冲厕所的农户占比约为59%，使用卫生旱厕的农户占比约为18%，使用一般旱厕的农户占比约为23%。有92个村没有公共厕所，占比约为21.85%。农村"厕所革命"不仅关乎农村生态，更关乎老百姓的幸福感，农村厕所设施需要进一步改善。水冲厕所相对而言比较卫生，能够较好地抹平农村与城市生活差异，极大地提高农村居民的获得感和幸福感，未来需要进一步大力推广。同样，对于意在发展乡村旅游的地区而言，水冲厕所吸引游客，留住游客的重要性不言而喻。

6．村庄能源使用

421个项目村中有51个项目村通了燃气，占比约为12.11%。虽然通燃气比例较低，但是加上液化气后，村民使用燃气或液化气的总比例较高，平均占比约为69.17%，这一数据与乡镇统计略有差异，应当是乡镇是全域范围，而村庄只是乡镇的部分村庄，统计样本不同。有239个项目村没有安装光伏发电，占比约为56.77%，未来推广光伏发电潜力较大。较高的清洁能源使用比例，对于近年来农村生态的改善起到积极作用，大大减少了农户上山砍柴的数量，也为增加森林覆盖率作出了贡献。同时，农民生活方式和饮食方式都随着清洁能源的使用发生了一定程度的变化，对其身心健康都有帮助。

7．村庄农膜及农药化肥包装物的回收

在全部421个项目村中，有115个项目村进行了农膜及农药化肥包装物的回收，回收的主要方式是有"公司统一收取"或"统一回收堆放在一起"；306个项目村没有开展农膜回收，没有开展农膜回收占比约为72.68%。没有开展农膜回收的主要原因是"没有制定回收制度／习惯"和

"没有回收补贴"。由此可见，主要是缺乏适当的制度措施和激励政策，从而造成大量未回收农膜及农药包装物污染，有待出台相应的政策制度。当然，也要注意到农民生产方式的变化，比如，农业生产全流程或部分流程托管，统一的托管企业或组织，其农药和化肥包装的回收就需要有针对地制定相应管理措施。

8. 村庄畜禽粪污综合利用率

养殖产生的畜禽粪污综合利用程度较高，平均综合利用率达到了95%。其中有311个村是将其制作成有机肥，占比约为73.87%，有12个村利用其产生沼气，这与近年严格的环保政策有关，对畜禽粪便处理的环保要求提高了综合利用率，多地实际走访也证实了这一点，达到一定规模以上的养殖场都需要按照环保要求进行相应的粪便处理。从生态学的角度来看，环保要求虽然增加了一定的成本，但是，畜禽粪便的综合利用，也能产生一定的收益，弥补成本甚至带来收益，同时又是可持续的农业生产，有利于生态环境。

9. 村庄秸秆综合利用率

主要农作物秸秆综合利用率平均约为69.95%，主要的利用方式是粉碎还田以及家庭能源。在实地调研中，在部分养殖地区，如建昌县等会将农作物秸秆粉碎制作成牲畜饲料，既产生了经济价值又保护了环境。这种处理秸秆的方式，在多地都有采用，未来也可能是秸秆还田之外的另一种选择，即通过秸秆制作饲料喂养畜禽、畜禽粪便制作有机肥还田，解决农业面源污染的同时，形成有益于生态环境的循环。

10. 村庄生产污染治理

在全部421个项目村中，有312个村为了解决农业生产环境污染，减少农药使用，占项目村74.1%。减少的主要方式是"使用低风险农药、生物农药等新产品"，大约减少农药施用比例约为36.84%。这说明，随着农民安全意识的提高，减少农药使用已经成为较多农民的选择。随着越来越多的农业劳动力转移到城市，农民更多地使用植保无人机等数字化技术进行飞防，更加精准的数字化施药技术可以进一步降低农药使用。实际上，在使用植保无人机后，农民中毒问题也减少了很多，成本也能够有效降低，对农业生产与环境来说，是个多赢的有效技术。

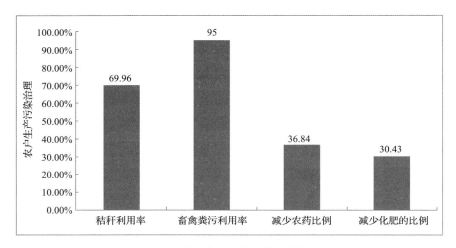

图5.7 村庄农户生产污染治理情况

11．村庄土壤肥力变化

在全部421个项目村中，有215个村认为土壤肥力较之前变好，有75个村认为土壤肥力较之前变差，有108个村认为土壤肥力较之前没有什么变化，占比分别为51.06%、17.815%和25.65%。化肥施用比例大约减少30.43%，农业劳动力转移带来的劳动力成本上升和测土配方施肥技术的推广，有效地促进了化肥施用量的减少，有机肥的替代进一步促进了化肥施用量的减少。消费者对于农产品品质的需求，也刺激了农业生产转向绿色、有机食品生产，从而减少化肥与农药的使用。

12．村庄农田和水体污染

农业生产废弃物的综合利用和农药化肥的减量使用，使得农田污染和水体污染问题都得到一定程度的缓解。在全部421个项目村中，只有20个

项目村认为农田污染较为严重，有 141 个项目村认为污染不严重，有 79 个
项目村认为农田受到中等强度的污染，有 152 个项目村认为农田没有受到污
染，占比分别为 4.75%、33.49%、18.76% 和 36.11%。有 14 个项目村认为水
体污染严重，有 94 个项目村认为污染一般，有 260 个项目村认为几乎没有
污染，有 32 个项目村附近没有水体，占比分别为 3.32%、22.32%、61.75%
和 7.6%。有 249 个项目进行过小流域小湖泊小池塘治理，有 151 个项目村
没有进行治理，占比分别为 59.14% 和 35.86%。总的来看，项目村水体污染
情况不是很严重。

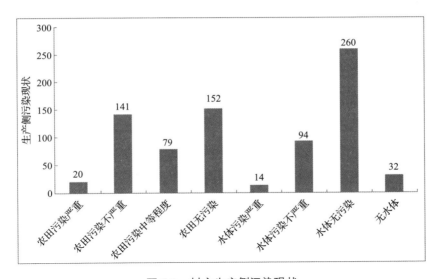

图 5.8　村庄生产侧污染现状

13. 乡村生态振兴面临的主要问题

针对乡村生态振兴面临的主要问题，回答集中在农村生活污染。全部
421 个项目村中，有 8 个项目村认为在于工业污染，有 52 个项目村认为是
农业生产污染，有 256 个项目村认为是农村生活污染，有 32 个项目村认为
在于其他原因，占比分别为 1.9%、12.35%、60.8% 和 7.6%。可见最主要的
还是农村生活污染的治理。农业生产污染和工业污染虽然占比较小，但是农

业生产污染影响范围较大，工业污染可能会带来比较长时间的负面影响，也应当予以关注。

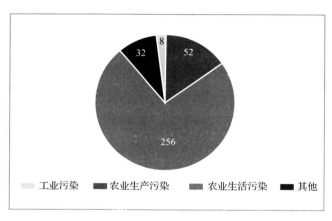

图 5.9　乡村生态振兴关注点

三、欠发达革命老区生态振兴面临的主要问题

从基线调查问卷的分析结果来看，当前乡村生态振兴面临的主要问题之一是农村生活污染，需要进一步整治提升。具体来看，虽然农村人居环境状况和居民生活条件改善明显，但是生活污水处理问题较为突出，农业生产行为也对农村环境有着一定程度的负面影响，但主要问题是农村生活污染（256 个项目村，占 60.8%），且地区间差别较大。另外，虽然由于近年来对环境问题的重视和有机农业相关政策的推动，在示范区内农业面源污染问题正得到逐步解决，但农药、化肥使用量平均减少的比例还是较小，且农药、化肥包装物和农膜随意丢弃问题仍需要予以重点关注。此外，多数项目村认为土壤、水体污染问题不严重。

具体地，农村生态振兴面临的主要问题表现在：

（一）农村生活垃圾处理问题最多

农村生活垃圾后续处理问题较多，污水问题尤为突出，地区差异较大，中、西部地区污染问题较大。

首先是厕所改造，水冲厕所比例不高，且呈现南北差异的特点，北方使用水冲厕所农户比例更低。在所有项目村平均拥有水冲厕所的比例约为59%，该比例与经济发展水平高度相关，京津沪三个直辖市为95.30%，浙江更高，达到98.25%，除此之外的其他省份则仅有55.19%，特别是辽宁、吉林、山西三省，其示范区所在村人均收入较低，水冲厕所比例皆在10%以下。

其次是生活污水集中处理。尽管多数项目村均认为水体几乎无污染或污染一般，但是，对于生活污水处理还存在着一定的问题，特别是北方冬季污水处理，常常因为没有排水管道而倾倒在大街上并结冰，存在安全隐患。各地农村污水处理都存在着或多或少的问题，甚至成为乡村民间纠纷的主要来源，目前，仍旧有占比为44.41%的187个村污水"没有经过任何处理直接排放"，京津沪三个直辖市情况较好，该指标仅为6.67%，浙江为0，而除此之外的其他省份则仅有51.7%。但是，生活污水处理系统投资较高，且与市政建设污水管网连接费用问题常常难以解决，群众协调存在困难，集中处理污水将成为下一步县乡村协调的重点领域。

农村固体垃圾的分类处理是乡村生态环保基础设施短板。即便是已经进行了垃圾收集的村庄，仍旧有部分村庄因为生活垃圾清运不及时，存在乱堆现场，"脏乱差"问题尚未彻底解决。调查显示，有占比为90.26%的380个项目村实现了垃圾的集中堆放，但是仅有占比为47.74%的201个村实现了垃圾分类，且地区差异较大，京津沪三个直辖市为90%，浙江更高，达到87.5%，除此之外的其他省份则仅有43.6%。究其原因，90%以上是因为该地没有垃圾分类制度或农户不知道如何分类。而垃圾分类处理比例低，也是造成垃圾收集工作量大的原因之一，未来可能给财政和农村环境造成负担。如果没有配套的垃圾处理制度，这一问题将更加严重。

农村生活污染已经成为乡村振兴的最主要问题。对于本村生态振兴面临的最主要问题，有 8 个项目村认为在于工业污染，有 52 个项目村认为是农业生产污染，有 256 个项目村认为是农村生活污染，有 32 个项目村认为在于其他原因，其余村庄则认为是多种原因造成的。可见最主要的问题还是农村生活污染的治理。具体到不同地区，又呈现明显的地区差异，京津沪三个直辖市 57%，浙江 88% 认为是农村生活污染，除此之外的其他省份则仅有 0.78% 认为是生活污染，58.22% 认为是工业污染。

（二）农业生产的环境问题需要高度重视

在生态振兴方面，目前面临的另一个主要问题是农业生产污染问题，未来需要在减少农业生产污染方面发力。种植业方面，造成农田污染的原因主要集中在农药、化肥的使用，农药、化肥包装物和农膜污染问题仍较为严重，未能建立起有效的包装回收制度。种植业方面，57.5% 的村庄认为农田受到一定程度的污染。其中，有 57% 的村庄认为造成农田污染的原因是农药、化肥的使用，25% 认为是水土流失等自然原因。值得注意的是，有 12% 认为是生活垃圾等废弃物堆放，这和前文提到的垃圾未能分类和及时清运有较大关系。另外，农药、化肥包装物和农膜回收比率较低，仅有占比 27.3% 的约 115 个项目村进行了农膜及农药化肥包装物的回收，说明相关污染问题仍较为严重，事实上，农膜问题曾经造成高铁停运等公共事件。畜禽养殖方面，由于集约化养殖总量大，部分养殖户养殖污染处理不力，可能给周边环境带来一定影响。

（三）部分农村地区生态环境脆弱

部分西北地区，年均降水量远小于蒸发量，水资源匮乏严重影响生态治理进程。由于示范区可供选择的生态建设项目较少，再加上水资源成本、管护成本上涨等因素影响，现行政策补助和补偿标准偏低，无法满足实际需要，已建成项目的可持续发展难度较大。相应地，地方政府在推动乡村生态振兴方面，可供选择的政策工具受限较大。

（四）部分村民环保意识仍然淡薄

部分农村群众未有效形成环保意识，对于日常生活所产生的垃圾，多会选择焚烧等简单形式来进行处理，或者直接倒入水体中，给周边环境造成污染。特别是在当前农民收入提高、生活方式向现代化转变的过程中，如果单纯地增加物质消费，而没有环保意识的提升，很有可能造成未来更多的环境问题。

四、促进欠发达革命老区生态振兴的建议

中共中央在《中共中央关于党的百年奋斗重大成就和历史经验的决议》中指出，"生态文明建设是关乎中华民族永续发展的根本大计，保护生态环境就是保护生产力，改善生态环境就是发展生产力，决不以牺牲环境为代价换取一时的经济增长。"农村生态振兴，是生态文明的重要组成部分，需要持续努力"推进绿色发展、循环发展、低碳发展，坚持走生产发展、生活富裕、生态良好的文明发展道路"。

根据以上对欠发达革命老区乡村振兴示范区现状的调查，以及对存在问题的分析，提出促进革命老区乡村振兴的政策建议如下：

第一，集中整治农村生活污染问题，深入实施村庄清洁行动，倡导绿色生活方式，以清洁村庄助力乡村振兴。农村人居环境整治需要与产业发展、基层组织建设、精神文明建设等相结合，共同推进五大振兴联动。协调多政府部门共同解决农村污水处理和生活垃圾分类问题。在乡村大力宣传环保理念，制定村民环保公约，倡导生活方式向绿色、低碳转变，创造清洁优美的生活环境。

第二，针对农村人口密度，分类开展污水处理技术研发工作，探索污

水处理有效运行的制度模式。针对居住相对集中和较为分散的不同聚居模式，分别研发不同的污水处理技术。探索政府、社会资本和农户共同参与、共同治理的污水处理制度，确保污水处理工作可持续。设计标准化的农村污水处理方案。将村庄生产、生活污水进行集中收集处理，建设污水收集及处置系统，具体处理时，尽量形成水资源的本地微循环，形成中水的二次利用等处理体系。

第三，鼓励各地在环保的前提下，推动农村生活垃圾处理微循环制度。制定垃圾分类、垃圾减量等奖惩制度，提高再生利用率和本地化处理比率，包括粪便、厨余垃圾等资源化利用，充分利用环保垃圾焚烧炉等环保新技术，实现乡镇范围内生态微循环，垃圾尽量不跨镇转运，节约人力并减少转运过程中的二次污染。积极开展农户垃圾分类知识宣传工作。建议建立农村生活垃圾分类减量处置的基本制度，能够回收的废弃物就地资源化利用，实现一定区域范围内生态微循环，实现农业农村绿色循环发展。充分发挥出农民的主体性作用，倡导农村生活垃圾分类的政府管理与村庄、社区自治结合。

第四，因地制宜，推动"厕所革命"。继续有效改进农村居民的生活环境，加快厕所改造步伐，不片面追求提高水冲厕所比例，根据各地经济、地理、资源等情况，因地制宜推动"厕所革命"。在经济收入水平高、平原和水资源丰富地区，适当增加水冲厕所比例。对部分干旱地区，为节约宝贵的水资源，可将不适合改为水冲厕所的一般旱厕改造为卫生旱厕。

第五，促进农业生产的环境保护。现代农业依赖高化学品投入、高废弃物排放来实现高生产率，导致了土地生态退化、环境污染、大量碳排放等严重问题。要解决这些问题，首先是推进农业绿色发展，因地制宜，持续推进农业清洁生产、化肥农药减量施用，实施化肥零增长、农药负增长行动，是进一步加强农膜及农药化肥包装物的回收工作。制定农药和化肥包装、农膜回收再利用奖惩制度，鼓励发展生态友好型农业。

第六，发展生态友好型农业，综合利用农业生产各个环节的副产品，变废为宝。加速推进农村废弃物如畜禽粪污等资源化利用、病死动物无害化处理设施建设等行动，同时推动现代农业产业振兴与生态振兴联动发展、延伸绿色优质农产品产业链。有效利用秸秆、畜禽粪便，发展养殖、食用菌等产业，实现垃圾减量化、农村废弃物资源化。

第七，建立生态补偿制度，特别是连片山区和西部地区，为了保护生态而牺牲了发展，应当予以适当补偿。利用好国家环保政策和生态文明建设相关政策。积极争取国家相关科学技术研发资助，加快推进相关产业技术革新和应用。另外，近年"双碳"政策目标的制定，也为农村生态振兴提供了新的机会。建议开发县域农业、林业碳汇项目，将绿水青山转化为金山银山，减少工业污染。革命老区山林面积较大，农业生产也多是有机农业和环境友好型农业，可以考虑积极争取国家相关政策资助，综合利用示范区林业储备，甚至农业生产的固碳功能，进行农业碳汇测算，探索林业、农业碳汇业务，提高农户收入，以低碳方式发展乡村，同时减少工业污染。

第八，加大对农村地区环保教育宣传力度。加大宣传力度，引导农村群众积极参与生态建设，形成部门联动、全民参与生态振兴的良好氛围。可适当采取积分制，对高分者予以宣传奖励，让村民们的环保意识与实际的环保行动结合起来。充分利用环保投诉电话、互联网等载体，加大宣传力度，引导群众积极参与生态建设，提出意见和建议，参与管理和监督，形成部门联动、全民参与生态振兴的良好氛围。

参考文献

[1] 张俊飚，王学婷．乡村生态振兴实现路径的对策思考[J]．中国地质大学学报（社会科学版），2021，21（2）：152-156．

[2] 张远新. 推进乡村生态振兴的必然逻辑、现实难题和实践路径 [J]. 甘肃社会科学，2022（2）：116-124.

[3] 祁迎夏，刘艳丽. 整合与重建：西部乡村生态振兴的新轨迹 [J]. 西安财经大学学报，2020，33（3）：46-52.

[4] 曾雪玫. 生态文明框架下革命老区的发展研究 [J]. 生产力研究，2011（11）：109-111.

[5] 刘家庆. 甘肃革命老区生态保护与建设问题研究——陕甘宁革命老区振兴问题研究之一 [J]. 财会研究，2013（6）：5-10.

[6] 伏恬舒. 红色旅游与乡村振兴耦合发展路径探索——以汝城沙洲村为例 [J]. 中南林业科技大学学报（社会科学版），2022，16（2）：132-138.

[7] 陈志军，徐飞雄. 乡村旅游地旅游发展对乡村振兴的影响效应与机理——以关中地区为例 [J]. 经济地理，2022，42（2）：231-240.

[8] 刘学敏. 在生态与产业融合发展中实现脱贫地区乡村振兴 [J]. 城市与环境研究，2022（2）：3-15.

[9] 刘长江. 乡村振兴战略视域下美丽乡村建设对策研究——以四川革命老区 D 市为例 [J]. 四川理工学院学报（社会科学版），2019，34（1）：20-39.

[10] 郑利杰，王波，朱振肖，车璐璐，戴超，宋志晓. 乡村生态振兴实践探索——以湖北长江三峡地区为例 [J]. 环境保护，2022，50（8）：64-67.

[11] 马晓旭，华宇佳. 乡村生态振兴成效评价指标体系构建研究——基于江苏省、浙江省、安徽省的对比 [J]. 中国农业资源与区划，2021，42（1）：60-67.

[12] 张灿强，付饶. 基于生态系统服务的乡村生态振兴目标设定与实现路径 [J]. 农村经济，2020（12）：42-48.

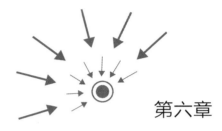

第六章

革命老区组织振兴
研究报告

●　本章作者：程竹，山西农业大学农业经济管理学

院讲师。

　　乡村振兴战略，是党的十九大作出的重大战略部署，是决胜全面建成小康社会、全面建设社会主义现代化国家的重大历史任务。乡村振兴包括产业振兴、人才振兴、文化振兴、生态振兴、组织振兴五大振兴。组织振兴是乡村振兴的保障条件，组织振兴就是要培养造就一批坚强的农村基层党组织和优秀的农村基层党组织书记，建立更加有效、充满活力的乡村治理新机制。同时，组织振兴是乡村全面振兴的基石，只有抓好以基层党组织建设为核心的各类组织建设，才能凝聚各方力量，推动乡村振兴战略的顺利实施。革命老区孕育了中国共产党和人民军队，是新中国的摇篮。革命老区的乡村全面振兴也是党和国家的殷切希望。

　　办好农村的事，实现乡村振兴，关键在党。党的力量来自组织，组织能使力量倍增，基层党组织是实施乡村振兴战略的"主心骨"。农村基层党组织强不强，基层党组织书记行不行，直接关系到乡村振兴战略的实施效果好不好。推动乡村五大振兴，组织振兴是根本保证，决定着产业振兴、人才振兴、文化振兴、生态振兴的效果。实现新时代乡村振兴，必须增强各级党组织特别是基层党组织的政治领导力，着力发挥党集中力量办大事的政治优势，把党的全面领导落实到乡村振兴战略实施过程中，把党的主张变为各级党组织和干部群众的自觉行动。组织振兴是乡村全面振兴的基石，只有抓好以基层党组织建设为核心的各类组织建设，才能凝聚各方力量，推动乡村振兴战略的顺利实施。习近平总书记也强调："乡村振兴是扎实促进共同富裕的有力抓手和重要途径，各级党组织要强化责任担当，精心组织安排，在发挥基层党组织战斗堡垒作用、选优配强基层党组织书记、提升驻村干部队伍能力素质、深入挖掘乡土人才等方面做好文章。"这足以表明组织振兴在乡村振兴中的重要地位。本报告阐述了组织振兴的重要性，并根据对全国28个省（自治区、直辖市）40个欠发达革命老区县（市、区）开展乡村振兴示范区项目建设工作的调研数据，分析革命老区组织振兴发展现状及存在问题。根据研究结论，为欠发达革命老区乡村振兴示范区组织振兴提出相应的对策建议。本报告分为以下五个部分：第一部分，阐释组织振兴对乡村全面振兴的重要意义，在此基础上提炼革命老区乡村振兴示范区基层组织的特征；第二部分，根据调研数据，对 28 个省，40 个欠发达革命老区乡村振兴示范区组织振兴建设的基本情况（现状）进行了深入分析；第三部分，进一步挖掘了 40 个欠发达革命老区乡村振兴示范区组织振兴建设存在的问题；第四部分，根据与乡镇干部、村干部的访谈调研资料，剖析组织振兴方面的典案例；第五部分，在前四部分的写作基础上，为革命老区组织振兴提出相应的对策建议。

一、革命老区乡村振兴示范区基层组织的特征

组织振兴为乡村全面振兴提供重要保障条件。加强农村基层党组织在农村事业发展中的领导核心作用，有利于团结和凝聚其他组织和各方力量扎实推进乡村振兴的实施；加强基层群众自治组织的自我管理、自我教育、自我监督、自我服务能力，有利于健全自治、法治、德治相结合的乡村治理体系，助力乡村振兴；加强社会组织为乡村振兴提供资金、人才、技术等支持，有利于改善乡村治理主体状况，促进多元共治，推动乡村振兴。在实现乡村组织振兴过程中，建立健全党委领导、政府负责、社会协同、公众参与、法治保障的现代乡村社会治理体制，形成多元共治的协同治理格局。必须发挥好农村基层党组织的核心作用；发挥好集体经济组织和合作组织的纽带作用；发挥好其他社会组织的补充作用，推动实现乡村治理体系和治理能力现代化。引导农民走向多种形式的合作和联合，大力发展农民专业合作社、家庭农场、农业产业化龙头企业以及农业社会化服务组织等，发挥好产前、产中、产后的服务职能，密切利益联结机制[1]。

通常来讲，乡村组织振兴主体主要包括四个部分：农村基层组织、农

村专业合作经济组织、社会组织和村民自治组织。其中农村基层组织是核心，是在农村全部工作的基础，是联系广大农民群众的桥梁和纽带。因此，乡村振兴必须突出乡村组织振兴，打造千千万万个坚强的农村基层党组织，以乡村组织振兴带动和保证乡村振兴战略实施。

推动乡村组织振兴，切实发挥农村基层党支部的战斗堡垒和党员的先锋模范作用。村级党组织作为党组织的"神经末梢"，必须充分发挥战斗堡垒作用[2]。如果党的基层组织软弱涣散，就无法将党的路线、方针、政策贯彻落实到基层群众中去。村级党员队伍必须充分发挥先锋模范作用。抓农村基层党员队伍建设，重在抓作风、抓能力、抓监管、抓人才。作风是基础，能力是核心，监管是保障。以加强理想信念教育为引领，在党员干部队伍中牢固树立联系群众之风、求真务实之风、艰苦奋斗之风、调查研究之风和改革创新之风，提升党员干部的德能素养。只有在乡村振兴中加强基层党组织建设，把基层党组织的政治优势、组织优势、作风优势转化为推动乡村振兴的发展优势，强化农村党组织的引领力、号召力、组织力、执行力，才能真正激发乡村振兴的组织动能；推动乡村组织振兴，要发挥好农民专业合作组织的纽带作用。农民专业合作组织是广大农户在家庭承包经营基础上，自愿组织起来、以某一产业或产品为纽带，以增加成员收入为目的，自主兴办了多种形式的专业合作组织。农民专业合作组织在引导农民进入市场，发展农业产业化经营，提高农产品竞争力，促进农民增收，推进农业农村现代化等方面发挥了积极作用。农民专业合作组织以市场需求为导向，发挥当地资源优势，组织农民开展标准化生产，提高了农产品质量和安全水平，有利于挖掘农业内部增收潜力，是促进农业增效和农民增收的有效途径。农民专业合作组织通过互助合作，提高了农民的市场主体地位，有利于形成群体规模，获得更高的规模经济效益，是提高农民组织化程度的必由之路。农民专业合作组织以自身特有的民办性、合作性和专业性等优势，成为农民与科研机构、技术推广部门和农业产业化龙头企业之间的桥梁纽带，有利于提高农民的综合素质，创新农业科技推广体制和机制，是建立健全农业社会化服务体系的重要内容；推动乡村组织振兴，要发挥好服务农村发展的社会组织的补充作用。社会组织作为联系政府与村民的桥梁和纽带，是乡村治理格局中的重要力量。在乡村振兴中，要重点培育服务性、公益性、互助性农村社会组织，继续利用好社会组织参与广泛、创造力强、效率高等优势，将村"两委"的治理权力与各类社会组织的治理能力、治理资源相结合，发挥好其在组织引领、资源配置、能力建设等方面的积极作用 [3]。各社会组织通过多种渠道和形式，深入动员、广泛发动会员单位积极投身乡村振兴实践，通过直接捐赠、产业帮扶、项目认领、提供就业岗位、开展社会工作和志愿服务等方式，精准对接、精准发力，帮助农村解决实际问题。各行业协会、商会要利用行业优势和商业资源，继续帮助乡村发展特色产业；科技类社会组织要利用技术资源，开展智力和技术支持；教育培训类社会组织可发挥自身优势，通过组织各类文体康健娱乐活动，开展社会主义核心价值观进农家、科学知识进农家、农民文化讲习班等精心设计的特色项目，有助于提升农民科学素养和知识理性，倡导正能量的乡风民俗；卫生类社会组织要开展医疗卫生帮扶等。其他各社会组织根据自身优势，各尽其长，各显其能，因地制宜开展各项工作。培育和发展社会组织，尤其是当前蓬勃发展的乡贤理事会、村民监事会等各类协商自治组织，有助于协调利益纠纷，建立自治、法治和德治相结合的现代乡村社会治理体系。

目前，革命老区乡村振兴示范区基层组织包括村党支部、村民委员会、村务监督委员会、村妇代会以及农民专业合作社、协会等民间经济社会组织。把众多职能不同的村庄组织团结起来使之围绕乡村振兴战略的实现而努力是非常必要的。此外，与乡镇政府、第一书记（驻村工作帮扶队）、村庄群众之间构建合理有序的关系对于贫困村庄基层组织有效开展精准扶贫工作也是非常重要的。经过调研，本报告认为，能够在乡村振兴中真正起到示范作用的基层组织应该具有以下几个特征：

（一）村庄内各组织职责清晰

政策执行涉及两个或更多组织参与时，各组织职责清晰是有效执行政策的前提条件。《中华人民共和国村民委员会组织法》对村庄各个组织的职责进行了规定。中国共产党在农村的基层组织（村党支部），发挥领导核心作用，领导和支持村民委员会行使职权。村民委员会是基层群众性自治组织，具有两种职能。一是办理本村的公共事务和公益事业。二是执行国家从中央到省地县布置下来的各项任务，重点是围绕一个时期的中心工作来完成上级交办的任务[4]。村务监督委员会负责村民民主理财，监督村务公开等制度的落实，主持对村民委员会开展的民主评议。村民委员会应当支持服务性、公益性、互助性社会组织依法开展活动，推动农村社区建设。因此，依据上述法律规定，村庄内各基层组织在乡村振兴战略执行中的职能应定位为：村党支部发挥领导作用，村民委员会是具体执行者，村务监督委员会对乡村振兴示范区政策实施过程进行全程监督，群众组织和经济社会组织助推乡村振兴战略实施。

（二）村干部具备执行乡村全面振兴战略所需的能力和素质

在革命老区实行乡村振兴示范区建设，村干部是示范区建设的直接执行者和落实者，是政策执行中的能动因素，村干部的个人素质、能力和责任心直接影响乡村振兴示范区建设的执行效果。高素质的村干部可以根据革命老区当地的实际情况，采用先进的执行工具，或通过对执行方案、计划以及执行手段、方法、策略的种种不同的安排，提高政策执行效果；而素质较低的村干部，则有可能由于其在利益倾向、价值观、认知水平、能力等诸多方面的不足，不能正确理解和把控乡村振兴示范区建设的意义和方向，出现乡村振兴示范区建设的偏差和走样，导致乡村振兴战略实施失败。

（三）村庄组织与乡镇政府间合理划分事权和财权

乡镇是中国最基层的政权机构，村民委员会则是乡镇下属的自治组织。《中华人民共和国村民委员会组织法》对乡镇政府和村委会之间的关系进行了界定：（1）乡、民族乡、镇的人民政府对村民委员会的工作给予指导、支持和帮助，但是不得干预依法属于村民自治范围内的事项。（2）村民委员会协助乡、民族乡、镇的人民政府开展工作。据此，乡镇和村委会之间不是上下级关系。换言之，村委会不是乡镇派出机构。乡村振兴战略实施中，清晰界定村庄组织和乡镇政府之间的事权，并依据事权合理划分财权，有助于乡村振兴战略的顺利实施[5]。

（四）驻村工作队与村"两委"之间应建立平等互助关系

2021年5月11日，中共中央办公厅印发了《关于向重点乡村持续选派驻村第一书记和工作队的意见》（简称《意见》），对向重点乡村持续选派驻村第一书记和工作队作出规定。该《意见》与2015年5月中组部、中农办、国务院扶贫办印发《关于选派机关优秀干部到村任第一书记工作的通知》（简称《通知》）有所不同，主要体现在提出的历史背景、派驻干部的要求、派驻干部的范围、派驻职责任务、选派程序和管理、任期、组织关系和保障待遇等。起点高、要求高，意味着他们肩上的责任更重。在世界军事斗争史中，有一种战法，叫打不对称战争。不对称作战，是指用不对称手段，不对等力量和非常规方法所进行的作战。在学党史、悟思想活动中，可以发现我党从无到有，由一个小党成长为世界第一大党，领导全国人民将一穷二白的弱国建设成为世界第二大经济体。我军由游击队成长为强大的人民军队，战胜了八百万国民党军队，打败了不可一世的日本、美国等侵略者。已经用事实证明我军以劣势装备战胜优势装备的敌人，是完全可以实现的，也充分展现了不对称战争中的"东方智慧"。这是老一辈无产阶级革命家给我们留下的宝贵财富。我党在新时期脱贫攻坚战中，创造了人类史上的奇迹，也是中国共产党人的卓越智慧。在乡村振兴战略实施中，如何才能打好不对称战，是驻村工作队需要主要探讨和研究方向。驻村工作队如何与村"两委"配合？这似乎既是老问题，也是摆在实施乡村振兴战略过程中面临的真实问题。驻村工作队，尤其是第一书记下村后，如何调动村"两委"的积极性、主动性、创造性，如何做到帮办不代替、到位不越位，这些都在考验着第一书记。作为一名"外来户"，第一书记能不能和村"两委"和谐共处，共同推进农村工作，直接关系到中央、省（自治区）、市、县的决策部署能否落到实处。中组部等单位的通知中有关第一书记和乡镇、村庄组织的关系有如下表述：第一书记在乡镇党委领导和指导下，紧紧依靠村党组织，带领村"两委"成员开展工作，注意从派驻村实际出发，抓住主要矛盾、解决突出问题。《现代汉语词典》中，"带领"一词意指"在前带头使后面的人跟随着"或"领导或指挥"。按照这个解释理解，第一书记与村"两委"之间是领导与被领导的关系。然而，根据地方实施经验以及地方出台的一些相关文件可以发现，对第一书记和村庄组织之间的关系定位并非领导与被领导的关系。《广西壮族自治区贫困村党组织第一书记管理暂行办法》中指出："第一书记与村党组织书记是相互配合、相互支持的关系。……第一书记作为第一责任人对村里工作总揽但不包揽。"《贵州省村党组织第一书记管理办法（暂行）》中也指出："第一书记在乡镇党委领导下，承担帮扶责任，紧紧依靠村党组织，支持和指导村党组织书记履行好主体责任。"从地方文件有关表述中可以发现，第一书记和村党支部书记之间的关系多为支持、指导、相互配合关系。

结合实际调查，本文认为，第一书记和村"两委"之间应建立起平等、互助的关系，非领导与被领导的关系。第一书记具有社会资本多、政策熟、能力强等优势，能为村庄争取到更多的乡村振兴建设资金，有助于革命老区巩固脱贫攻坚，实现乡村全面振兴。

二、欠发达革命老区乡村振兴示范区组织振兴现状

本报告中的数据来源于对欠发达革命老区振兴示范区的基线调查，共

涉及 80 个乡镇，421 个村庄。通过对各乡镇干部、村干部的交流访谈以及对项目区实地调研，充分了解欠发达革命老区各乡村振兴示范区建设的基本情况。根据调查组对欠发达革命老区乡村振兴示范区基线调查的实地调查以及乡镇、村庄的访谈问卷搜集的数据，从乡、镇两个层面来分析 28 个省，40 个示范区的组织振兴情况。

（一）乡镇层面

1. 示范区乡镇工作人员综合素质较高

通过对 40 个示范区 80 个乡镇数据分析，可以看出：示范区乡镇工作人员综合素质较高。具体表现：第一，示范区乡镇干部队伍稳定，乡镇工作人员中有公务员编制的占比为 36%，有事业编制的占比为 41%，其他占比为 23%，乡镇工作人员近三年辞职率仅有 0.3%；第二，示范区乡镇工作人员受教育程度较高，示范区乡镇工作人员拥有大专及以上学历的占比为 75%；第三，示范区乡镇工作人员年龄结构配置合理，以中青年为主，乡镇工作人员中年龄在 50 岁以上的占比为 21%，35 岁到 50 岁之间的乡镇工作人员占比为 45%，35 岁以下的乡镇工作人员占比为 34%。具体情况见图 6.1—图 6.3。

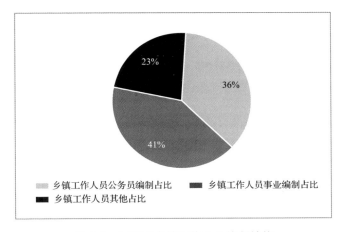

图 6.1 示范区乡镇工作人员编制结构

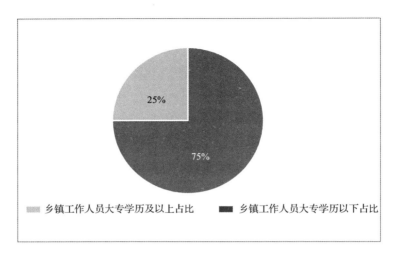

图 6.2　示范区乡镇工作人员受教育程度结构

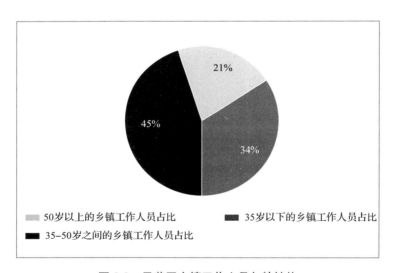

图 6.3　示范区乡镇工作人员年龄结构

2．示范区乡镇组织发展有一定的经济基础，但乡镇本级财政收入偏低

2020 年示范区乡镇平均财政总收入为 9413 万元，其中上级转移支付为 6721 万元，乡镇本级财政收入为 2725 万元。示范区乡镇财政总收入排名前

六的分别是：广东省陆丰市碣石镇、上海市崇明区建设镇、江苏淮阴市刘老庄乡、上海市崇明区竖新镇、江苏淮阴市徐溜镇和北京市房山区周口店镇。

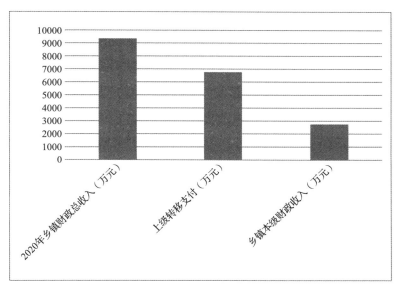

图6.4 示范区乡镇平均财政收入情况

3.示范区乡镇集体经济整体发展水平较低

40个示范区80个乡镇中，平均仅有5个行政村的集体经济收入在20万元以上，平均仅有3个行政村的集体经济收入在10万–20万元；平均仅有4个行政村的经济收入在5万–10万元，平均有3个行政村的集体经济收入在5万元以下。具体情况见图6.5。

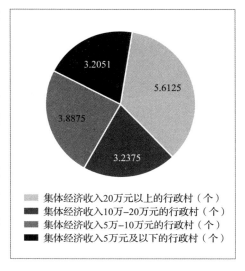

图6.5 示范区乡镇集体经济收入
平均水平

（二）村庄层面

1．项目村基层党组织综合素质较低

示范区基层党组织综合素质水平较低，具体表现：第一，党员年龄偏大。40 个示范区 80 个乡镇 421 个村庄中，党员平均年龄偏大，35 岁以下党员占比仅为 19%，35 岁到 50 岁之间的党员占比为 20%，50 岁以上党员数量占比高达 61%（见图 6.6）。第二，党员整体文化水平偏低。421 个村庄中，党员平均文化水平较低。拥有高中以下文化程度的党员占比高达 61%，高中及以上文化水平的党员占比为 39%（见图 6.7）。第三，新发展党员数量较少。421 个村庄近两年新发展党员数量共 953 名，平均每个村新发展党员不到三名，党内缺少新鲜血液。第四，不常住村里的党员数量偏多，421 个村庄中，不常住村里的党员数量占比达 28%。第五，村庄基层组织发育不完善。有大学生村官的村庄占比仅为 21%，没有第一书记的村庄占比为 27%，有乡村振兴工作队的村庄占比达 67%。村庄基层组织有待进一步完善。

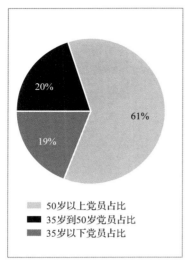

图 6.6　项目村党员年龄结构

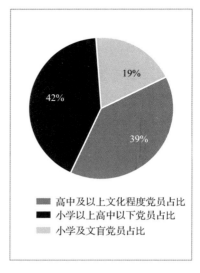

图 6.7　项目村党员文化水平结构

2．项目村民间组织发育不健全、发展不平衡

项目村民间组织发育不健全，民间组织有待进一步发展完善。项目村中民间组织发育较好的有：红白喜事理事会、志愿组织以及道德评议会，有红白理事会的村庄占比为 61.7%，有志愿组织的村庄占比为 51.5%，有道德评议会的村庄占比为 39.3%。其他民间组织发育情况不容乐观，有待进一步完善，尤其是教育基金会组织发育水平极低，有教育基金会的村庄占比仅为 5%（见图 6.8）。

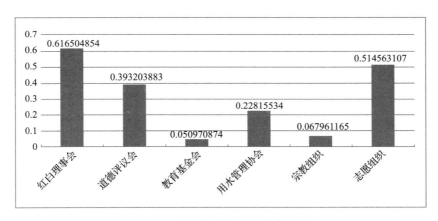

图 6.8   项目村民间组织发育情况

3．项目村自主收入偏低，村级负债严重，集体经济发展空间较大

项目村村级收入主要依靠上级补助，上级补助占村级总收入的 78%，而项目村自主性收入仅占村级总收入的 1%，村级其他收入占村级总收入的 21%（见图 6.9）。目前，项目村村级负债情况普遍存在，项目村村级财务平均负债达 76.4 万元，项目村村级财务

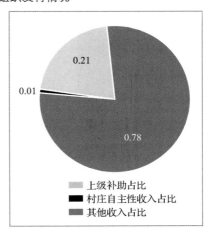

图 6.9   项目村收入情况

负债原因主要集中在公益性基础设施建设费用增加、村级经济组织投资和资本扩张两个方面。村级集体经济发展潜力较大，基层党组织应在壮大集体经济发展方面做文章。

4．村庄治理状况整体水平较高，需进一步提升

项目村村庄治理状况整体水平比较高。99%的项目村实行了重大事项决策的"四议两公开"；2020年每个项目村村级财务、自治事物和政务公开的次数平均分别达到了8次、7次和9次；2020年每个项目村召开村民大会和村民代表会议的次数平均分别为5次和8次；99%的项目村均有村规民约，均在村内醒目位置长期上墙公示。2020年，项目村发生违反村规民约事件占比约为24.7%；近三年来，项目村发生村民违法犯罪事件占比约为32.1%，项目村发生村干部违法乱纪事件占比较低，约为7%（见图6.10）；项目村实行积分制管理的村庄占比46%，有待进一步提高。项目村的普法宣传工作比较好，2020年每个项目村进行的普法宣传次数平均为7次。

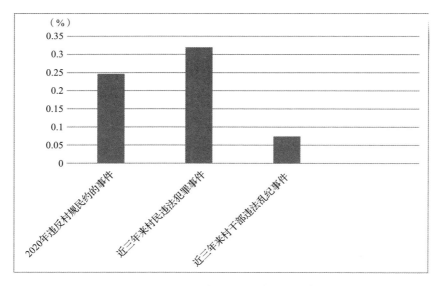

图 6.10　项目村违法乱纪事件发生率

三、欠发达革命老区乡村振兴示范区组织振兴存在问题

（一）乡镇层面

1．集体经济发展水平偏低

示范区乡镇集体经济发展水平偏低。根据对 40 个示范区 80 个乡镇调研数据的分析发现：平均仅有 5 个行政村的集体经济收入在 20 万元以上，平均仅有 3 个行政村的集体经济收入在 10 万–20 万元；平均仅有 4 个行政村的经济收入在 5 万–10 万元，平均有 3 个行政村的集体经济收入在 5 万元以下。这些数据均表明示范区集体经济发展水平较低，乡村全面振兴离不开集体经济的发展壮大，示范区乡镇下一步应加快集体经济发展脚步。

2．示范区乡镇债务较严重

根据 40 个示范区 80 个乡镇的调查数据，可以发现：示范区乡镇普遍存在负债情况，示范区乡镇平均负债约为 230 万元。示范区乡镇债务主要集中在公益性基础设施建设支出增加。

3．党员培训单一化

目前多数示范区党员教育培训主要以集中授课、以会代训和自学等方式为主，走出去观摩学习机会甚少，培训内容单一、培训方法不活，培训效果不佳。特别是农村党员教育培训只局限于县委组织部组织的"领头雁"培训，授课教师主要集中在市、县两级层面，乡级党校教育培训党员的主阵地作用发挥不够到位。

（二）村庄层面

1．项目村基层党组织配置不合理且综合素质较低

根据对 40 个示范区 80 个乡镇 421 个村庄的调查问卷可以发现：示范区基层党组织配置不合理且基层党组织综合素质较低，具体表现：第一，党员年龄偏大，以 35 岁以上的党员为主；第二，党员整体文化水平偏低，大部分党员的文化程度在高中以下水平；第三，近两年新发展党员数量较少且

不常在村庄的党员数量较多，基层党组织内部缺少新鲜力量；第四，村庄基层组织发育不健全，大部分项目村没有大学生村官，还有的项目村没有第一书记和乡村振兴工作队。项目村基层党组织配置不合理加之基层党组织综合素质普遍偏低制约着基层党组织在乡村振兴中发挥带头引领作用，不利于乡村振兴工作的开展。

2.项目村民间组织发展欠佳

根据对 40 个示范区 80 个乡镇 421 个村庄的调查问卷可以发现：项目村仅有红白喜事理事会、志愿组织以及道德评议会发展情况较好，其他民间组织发育不健全，尤其是教育基金会组织发展水平极低，农村本身教育水平发展就比城市教育水平低，为了促进农村教育水平的发展，理应重视开发培育民间教育组织，为农村教育事业做贡献，但目前项目村整体缺少教育基金会组织，这制约了乡村的全面振兴。

3.项目村财务问题比较棘手

根据对 40 个示范区 80 个乡镇 421 个村庄的调查问卷可以发现：项目村村级收入主要依靠上级补助且项目村普遍存在负债情况。要改善村级财务状况，增加村级自主性收入，甩掉村级债务包袱，最根本的还是要抓住发展壮大集体经济这个关键点。要充分依托村里特色优势资源，盘活存量资产，用好增量资产，发展壮大集体经济，形成稳定而可靠的村级收入。目前项目村集体经济发展存在很大空间，基层党组织应带领农民一道壮大集体经济的发展。

4.村庄治理仍存在进步空间

根据对 40 个示范区 80 个乡镇 421 个村庄的调查问卷可以发现：项目村村庄治理状况整体不错，但仍有提升空间。2020 年，仍有一些项目村发生违反村规民约的事件。近三年来，仍有不少项目村发生村民违法犯罪事件。目前，还有好多项目村没有实行积分管理制度，这些都是村庄治理中存在的有待改进的一些问题。

四、欠发达革命老区乡村振兴示范区组织振兴案例分析

通过对欠发达革命老区 28 个省 40 个乡村振兴示范区的案例访谈，对其中较为典型的组织振兴案例作了梳理。总结出欠发达革命老区乡村振兴示范区组织振兴创新模式，分别为：山东沂源联村党建——共同奋斗促共同富裕，集聚发展绘就乡村振兴新画卷；安徽省潜山市黄铺村——党建引领铺就乡村振兴幸福路；以及山西省五台县上王全村——党建引领打造村级 IP，助推乡村振兴。

案例一：山东沂源联村党建——共同奋斗促共同富裕，集聚发展绘就乡村振兴新画卷

山东省淄博市沂源县地处沂蒙山区，生态环境秀美，有鲁山森林公园、牛郎织女洞、山顶湖泊等丰富的旅游资源，有"人民楷模"朱彦夫教育基地等红色旅游资源，更有苹果、樱桃、黄桃、核桃、韭菜等多种优质农产品。但沂源县面临着丘陵山区的发展困局：乡村聚落较为分散，一个村百余人遍布十几座山头是常态，各村虽然普遍有良好的生态环境和林果产业优势，但都不同程度地面临人才、土地、资金、技术等资源要素的制约，落后村有"望洋兴叹"的无奈，先进村也存在"再上层楼"的瓶颈，发展后劲出现不足。

为破解发展困境，山东沂源把调整村党组织构架作为切入点，探索推行"联村党建"机制，通过党建引领乡村振兴，打破村与村之间的行政界限，采取选任优秀村支部书记"跨村任职"、组建联合村党支部和"联村党委"等形式，全面增强村级党组织的领导能力、治理能力、统筹能力，用共同奋斗促共同富裕，人员联、治理联、资源联、建设联、发展联，共同绘就乡村振兴新画卷。

（一）组织体系打破壁垒，发挥组织优势打好乡村振兴底色。根据淄博市委部署，沂源县按照地缘相近、乡俗相通、产业相连、资源互补的原则建立了"联村党建"机制，推广了帮促带动型、共建互助型、产业引领型 3 种

联建模式，推动大村强村与小村弱村、历史上有渊源或现实中有融合发展需要的村、产业相近或产业关联度高的村，共同组建联村党委或联村党总支，部分小村弱村党组织融合，全县行政村总数由 629 个减至 467 个。"联村党建"机制有效推动了政策、资金、人才等发展要素有效统筹和聚集，构建起了党建引领、资源共享、管理高效、抱团发展的"大党委"工作新格局。

班子共建、人才共享，弱村有了"强带头人"。南鲁山镇党委将强村北流水村，与南流水、东流水和车场 3 个缺乏好带头人、发展受限的村组建了流水联村党委，选举北流水村党支部书记陈丙富担任联村党委书记。陈丙富是沂源县远近有名的能人书记，在他的带领下，4 个村共同谋划了"流水锶乡"乡村振兴片区，创新实行"党支部＋合作社＋企业＋农户"发展模式，流转联建村土地 80 亩，新建高标准温室大棚 17 个，村集体每年增收超过 12 万元，村民人均年增收 2 万元。

党员共管、力量共聚，小村有了"大力量"。在党员队伍方面，联村党委实行统筹培养、统筹教育、统筹管理，使党员队伍的活力转化成了党组织的组织力，在推进乡村振兴中发挥出"乘数效应"。燕崖镇朱家户联村党委组织各联建村党支部，修建了一条连通朱家户等 9 个联建村的宝峪路。修路过程中，动员发动党员群众出义务工 10000 余人次；党员们还就地选取石材，自发设计、建设了 6000 多米的旅游文化长廊，并将其命名为"初心墙"。

（二）创新基层治理模式，完善工作制度勾出组织振兴轮廓。制度稳则乡村稳，制度兴则乡村兴，制度强则乡村强。在推进"联村党建"乡村组织体系变革同时，淄博市不断总结试点经验、完善工作制度、健全管理体系，将"联村党建"机制在全市推行，探索出优化基层治理推进乡村振兴的新路径。

规范农村制度建设，乡村治理加快"善治步伐"。以推行"联村党建"为契机，实行以"行政区域不变、村民自治主体不变、集体资产产权不变，财务管理独立建账、独立核算、独立收支，工作集中谋划、集中决策、集中落实"为主要内容的"三不变、三独立、三集中"机制，并建立了成员分工负责、定期联席会议、集中办公轮班、民主议事决策、广泛民主监督、协调联动攻坚6项工作制度，实现了乡村治理一把尺子、一套制度、一个规范。

放大村级资源力量，基层实现"扩权强村"。由于人力、财力、物力有限，有的村面临"小马拉大车"的困难局面，有时有想法实现不了，有难题攻克不了。相比一个单独行政村，联村党组织具有两方面优势：一是权责优势。镇党委赋予联村党组织10项权责，包括对联建区域内发展规划制定、重点项目建设等重大事项有民主决策权；直接负责对联建村班子和村干部的考核，对联建村主职干部调整有建议权，对村党组织成员可以直接调整、向镇党委报备；对联建村党员发展和后备力量培育实行统筹；对各级巡视巡察中发现存在违规违纪违法行为的党员，有惩戒建议权，等等。二是集聚优势。在推进"联村党建"过程中，建立了共建共治的领导决策机制、议事平台机制、实施载体机制，做到有事一起议、工作一起干、困难一起扛、成果一起享，将各自为政的村级管理模式，转变为集中统筹的工作模式，通过党组织的联合，推进了资源力量的整合，打造了乡村振兴的"党建综合体"。

（三）产业联兴集聚发展，打造产业组群绘就乡村振兴靓丽色彩。产业统一规划、资源统一利用、效益统一分配，村庄从"各自为战"变为"抱团发展"。"联村党建"赋予联村党委统筹领导所辖各村产业发展的职责，优化农村资源配置，联合享受上级政策，促进生产要素集聚，集中优势力量把产业做大做强。鲁村镇田园综合体片区内6个村党组织，联合成立徐家庄联村党委，通过落实办公联署、班子联培、党员联管等"六联工作法"，整合上级政策、资金、项目，实行产业一体化布局、数字化转型，引进七河生物、鲁中高科等社会资本投资近5亿元，培育了食用菌"菌棒加工—香菇种植—香菇加工"全产业链，建成了5个数字农业产业园。按照景区村庄化、村庄景区化理念，先后铺设改造旅游路、观景路、生产路37公里，栽植绿化苗木30多万株，建成中心绿地和小游园16处，片区核心村龙子峪村创建为省级美丽乡村，汇泉桃花岛创成国家 3A 级旅游景区。6 个村年集体收入全部达到 5 万元以上，其中 5 个达到 10 万元以上。

一体化布局、精准化立项、差异化发展，村级产业从"无序竞争"变为"互补双赢"。沂源县充分发挥联村党委的作用，鼓励党组织领办创办合作社，采取"联建村党组织＋合作社＋联建村""联建村党组织＋村集体经济合作社＋农户"等方式，引导各村整合类别相近的项目和产业，因地制宜发展经济项目，构建各方利益"共同体"。凤驿小镇是沂源县东里镇的省级特色小镇，东里镇依托小镇成立联村党委后，以打造乡村旅游综合体为载体，立足 7 个联建村资源优势，规划打造了下柳沟"田园柳舍"乡村生活、梅家坡"凤驿花开"观光养生、王坪"逸品山水"精品民宿等特色板块，形成了"一村一景、连片发展"的现代乡村旅游产业组群。

案例二：安徽省潜山市黄铺村——党建引领铺就乡村振兴幸福路

黄铺村位于安徽省潜山市黄铺镇，国家 5A 级旅游景区天柱山南麓，由原黄铺镇黄铺村、牌楼乡棋盘村、古井乡百笋村合并成新黄铺村，距潜山市区 11 公里。村域总面积 21.5 平方公里，其中耕地 9436 亩、林地 16320 亩、水面 2542 亩，辖 64 个村民组，1812 户、7238 人。黄铺村党委下设 4 个支部、15 个党小组，共 218 名党员。

黄铺村之前村"两委"成员分属于 3 个乡镇的 3 个村，这种并村方式非常少见，一是大家相互不熟悉，村干部作风散漫、人心涣散。党群干群关系紧张，老百姓不相信村干部。如何解决人心凝聚是最大问题。二是债务之困。三村合并时，村级总负债 149 万元，村集体没有任何经营性资产，召开党员会议都需外借会场，"还债"成了村集体亟待解决的首要问题。三是资源之困。黄铺村地形地貌为丘陵岗、高塝田，其中林地大多是石子山，土地贫瘠，长期以来自然分布的都是稀稀矮矮的仅能做柴火的小老松；耕地不规整，大量田地被撂荒，无客水，耕作靠天收。"黄铺是个泥巴岗，泥土板结禾不长，三天不雨苗发黄，好女不嫁黄铺郎"，这首民谣是旧黄铺村的形象写照。四是基础之困。村内道路多为泥土路，晴天一身灰，雨天一身泥，村民组之间断头路多，村民出行不便。水利年久失修，沟渠老化严重，池塘淤积。农户房屋破旧，村庄环境"脏乱差"，"露天厕、泥水街、压水井、鸡鸭院"，群众要求改善基础设施的愿望迫切。

为了黄铺村能够摆脱困难，老书记李向东主动让贤，在换届选举中推荐原村委会主任王绍南担任"当家人"。上任后，王绍南坚持立人先立己、立己先立志，以身作则、引领示范，重点是做到"三个带头"。一是书记带头，立人先立己。村党委书记王绍南以身作则，带头遵守考勤、包户等相关制度，村级事务严格实行"五议三公开两参与"，带领村"两委"干部和党员群众苦干实干，彻底让黄铺村"旧貌换新颜"。二是干部带头，大家齐心干。做到难事干部带头、大事党员示范、好事群众优先，迅速把党员群众凝聚在党组织身边。建立了一套"最严格"的村干部考勤制度。每天上午 7:30 上班、下午 6:00 下班，迟到 1 分钟罚款 5 元、迟到 5 分钟罚款 20 元、迟到半小时计旷工而且还要上班，村干工作时间不得打牌，村级正职打牌每次罚款 300 元、其他村干每次罚款 100 元。三是党员带头，争先做示范。通过党员承诺践诺、先锋指数考评等方式，对党员支持重大项目、参与脱贫攻坚、承担急难险重任务等实行加分，对无故不参加组织生活、不完成党组织分配任务等实行扣分，每季度公开党员得分情况，晒给群众看、激励党员干，激发了全体村民建设美好家园的信心和决心。

黄铺村并村之后，村"两委"将集体经济发展作为重中之重，顺应经济发展趋势，在不同发展阶段采取不同发展策略，实现了起步、发展、壮大的"三级跳"。2006 年，村"两委"不等不靠，抢抓机会，为村集体创收 70 万元。随后，村里通过承接土方工程、建设安置房等，还清了欠债。如何进一步做大做强集体经济？村党委提出了"规划引领、村社一体、村企共建"的发展思路，编制了"双环并举"的发展规划，内环打造景点式新型农村社区，外环分片建设产业示范区，发展特色农林产业。截至目前，全村土地流转面积达 2 万亩，其中流转山场 11000 亩、耕地 9000 亩，除集镇规划区外的土地全面实现了集中流转。对村集体合作社流转的土地，村集体公司经营 7000 亩左右，其中发展油茶 2500 亩、优质水稻 1700 亩、花卉苗木 1000 亩、草坪 600 亩、食用玫瑰 400 亩、金丝皇菊 300 亩、茶叶 200 亩。同时，通过招商引资引进韵沣、润达、皖国等 20 余家农业经营主体，发展优质水稻和桑葚、蓝莓、瓜蒌、葡萄、油桃、甜柿、中药材等特色产业。通过土地规模化推动乡村产业发展，解决了"分散农户干不了、干不好、干了不划算"的问题，拓宽群众增收渠道，盘活村集体资源、资产和资金，壮大村集体经济实力。截至 2019 年底，村集体拥有固定资产 3400 万元、经营性资产 2800 万元。2020 年，村集体经营性收入 520 万元，农民人均可支配收入达 2.6 万元。

农村富不富、关键看支部，支部强不强、关键看"领头羊"，一个好的基层党组织能凝聚起全村人的奋斗目标和精神动力。黄铺村通过选对一个人、带动一班人、凝聚一群人，建强农村基层党组织战斗堡垒，发挥党员先锋模范作用，带领全村人民打造出了"绿富美"的新黄铺，以组织振兴推动产业振兴、人才振兴、文化振兴、生态振兴，形成了五大振兴联动。

黄铺村在组织振兴方面的重要举措有三个：一是建强一个堡垒。在黄铺实践中，基层党组织发挥了战斗堡垒作用，广大党员发挥了先锋模范作用。正是因为有好书记、好班子、好制度，带领村民心往一处想、劲往一处使，战略谋划、工作部署、事项落实，才能处处都有主心骨、事事都有领头羊，才能"一张蓝图干到底""天翻地覆慨而慷"。二是牢记一个宗旨。村"两委"始终坚持以人民为中心的发展思想，坚持新发展理念，把村级工作推进与群众美好生活向往结合起来，创新探索"五议三公开两参与"工作法、村民理事会、组规民约等有效治理形式，打造共建共治共享的社会治理格局，使人民获得感、幸福感、安全感更加具体、更加充实、更可持续。三是夯实一个支柱。黄铺村在推进乡村振兴中，充分发挥基层党组织的战斗堡垒作用，将产业兴旺列在首位。黄铺村坚持绿色发展、盘活土地资源，实行"村社一体、村企共建"，促进一二三产业融合发展，壮大集体经济发展，不仅让乡村产业立起来、强起来，也让乡村振兴有了内生动力。

案例三：山西省五台县上王全村——党建引领打造村级 IP，助推乡村振兴

上王全村位于五台县东雷乡政府西北 7.5 公里处，海拔 1800 米。户籍人口 726 人（实际在村人口 279 人），党员 30 人。2021 年 5 月，山西省机关事务管理局干部付晓马派驻到上王全村任第一书记。上王全村不在交通主干道上，三面环山，气候宜人，而且非常寂静。在这个村子里居住的人，睡眠质量非常高，村民们都爱睡觉，其他村的村民都误解上王全村为懒汉村。上王全村乡贤松峰老人周命槐告诉驻村工作队，上王全村有一句流传了八百年的谚语"石头砌墙墙不倒、鸡不鸣来狗不叫、大人小孩会睡觉"，村东北松峰山顶有五龙庙，传说五台山的五爷，白天在五台山救人，晚上会来这里冥想睡觉；村西北娘娘垴山上有七口泉眼，传说王母娘娘在此放牛时与玉皇大帝结亲，有"玉皇到此不早朝"的说法；村正西方五子登科山下有文昌祠堂，相传在清朝时期，秀才举人们在这里坐忘悟道；村西南方是石棺山，有七个天然形成的石棺材，传说是王母娘娘的七个仙女回姥姥家睡觉的地方；村正南方有长寿观遗址，传说老寿星在此睡觉两年，候拜王母娘娘。北有佛，南有道，西端是儒家。儒释道文化在上王全（睡觉）村展现得淋漓尽致。村周围深山老林里盛产有利于睡眠的酸枣仁、艾草、降龙木，这也可能是村民们睡觉好的主要原因。经过大量的调查研究和研判，第一驻村书记决定给上王全村起一个别名"睡觉村"，打造"睡觉村"IP，带动互联网流量，以此为突破口开启上王全村的乡村振兴之路。随即组织召开村民大会，全体村民表决通过上王全村的俗名"睡觉村"。

驻村工作队为上王全村拍摄制作了睡觉招商引资专题片，注册了抖音号"老傅说乡村振兴""睡觉村里说睡觉"，每天制作发布关于"睡觉村"

乡土文化和乡村振兴的短视频，引起了全国网友的广泛关注，带来了巨大的网络流量。睡觉村 IP 的成功打造已经为上王全村的乡村振兴之路插上了翅膀。随即在网上广发"英雄帖"，邀请社会力量共同参与"睡觉村"高端功能睡枕开发，前来洽谈合作的制造商、营销公司、互联网公司络绎不绝。最后决定由太原老傅家文化传播公司提供品牌（由于睡觉村品牌还未注册下来）和网络营销技术、太原梓豪健康产品研究所提供产品设计、厦门仁辅电子公司垫资五百万元采购原材料，帮助上王全（睡觉村）建立振兴车间（注册五台县上王全枕业有限公司），利用上王全村周围深山老林盛产利于睡眠的野生酸枣仁、艾草、降龙木等中草药的优势，开发出了三度塑形枕。振兴车间负责来料加工业务，赚取加工费。投资商将上王全（睡觉）村生产的老傅家三度塑形枕推向市场后，迅速打开了销路。为了继续增加村集体收入，也为村里的致富带头人提供创业平台，带动更多的村民入股分红。驻村工作队与村"两委"商议，决定在上王全（睡觉）村搭建直播网络销售平台。不懂网络直播带货，就通过"走出去、请进来"的方法，向社会上直播带货高手学习，筹集资金 500 万元，注册了五台县梦之宝有限公司。由第一书记亲自直播带货，利用"第一书记"这个金字招牌，在网上售卖振兴车间生产的三度塑形枕，同时培养更多村民学习直播带货。通过多方努力，目前已为村里铺设了网络专线，完成了直播平台搭建工作。每天直播时间八个小时以上，两个月时间营业收入已达五百余万元，实现利润十五万元，村集体收入已翻了三倍以上，解决了村委会开支的燃眉之急，为三十多位本村村民提供了返乡创业或务工的机会。

山东沂源县、安徽潜江市黄铺村、山西五台县上王全村党建引领乡村全面振兴实践启示：实现乡村振兴，关键在党。党的力量来自组织，组织能使力量倍增，基层党组织是实施乡村振兴战略的"主心骨"。农村基层党组织强不强，基层党组织书记行不行，直接关系到乡村振兴战略的实施效果好不好。推动乡村五大振兴，组织振兴是根本保证，决定着产业振兴、人才振兴、文化振兴、生态振兴的效果。实现新时代乡村振兴，必须增强各级党组织特别是基层党组织的政治领导力，着力发挥党集中力量办大事的政治优势，把党的全面领导落实到乡村振兴战略实施过程中，把党的主张变为各级党组织和干部群众的自觉行动。

五、欠发达革命老区乡村振兴示范区组织振兴对策建议

党的十九大提出，"要加强农村基层基础工作，健全自治、法治、德治相结合的乡村治理体系"。通过对欠发达革命老区乡村振兴示范区组织振兴的现状、存在问题以及经典案例分析，就欠发达革命老区乡村振兴示范区组织振兴方面提出以下对策：

（一）提升基层党组织统领力，引领乡村振兴战略航向

实现乡村振兴，基层党组织必须坚强，党员队伍必须过硬，农村基层组织建设是乡村振兴的重要前提。应加强各级党组织建设，建立健全党建工作目标责任制，严格落实党委书记抓基层党建工作的各项制度，调整优化基层党组织设置，充分发挥基层党组织推动农村发展的重要作用。

示范区应持续加强基层党建工作，牢牢把握实施乡村振兴发展的正确方向，切实增强紧迫感和使命感，着力发挥党在乡村振兴发展中始终总揽全局、协调各方作用，把实现乡村振兴作为全体党员干部群众的共同意志、共同行动，做到认识统一、步调一致，不断汇聚乡村振兴发展的磅礴力量，统筹谋划农村经济建设、政治建设、文化建设、社会建设、生态文明建设和党的建设，推动乡村振兴沿着正确的方向驶入全面发展的"快车道"。

加强农村基层党组织对乡村振兴的全面领导，以农村基层党组织建设为主线，突出政治功能，提升组织力，把农村基层党组织建成宣传党的主张、贯彻党的决定、领导基层治理、团结动员群众、推动改革发展的坚强战

斗堡垒。在实现基层党建与基层治理相结合的过程中，要以凝聚向心力为重点，规范村级事务管理，加强以村党组织为核心的村级组织建设，巩固党在农村的执政基础，助力乡村振兴。

（二）提升基层党组织支撑力，建强乡村振兴人才队伍

"功以才成，业由才广。"实施乡村振兴战略是国家发展的一篇大文章，其关键就在于汇聚一批优秀人才，必须打造一支强大的乡村振兴人才队伍。目前，示范区基层党组织整体素质较低，基层党组织内部缺乏新鲜"血液"，因此示范区应加强农村基层干部队伍和专业人才队伍建设，创新人才培养引进机制和激励奖惩机制，坚持"内培与外引"相结合方式，大力培养引进一大批农业生产经营人才、农村二三产业发展人才、乡村公共服务人才、乡村治理人才、农业农村科技人才等扎根乡村、有情怀、有知识、有技能的"土专家""田秀才"，为乡村振兴提供坚强的人才支撑和智力保障。示范区应发挥人才核心作用，带头带领融合发展。实行更加积极、更加开放、更加有效的人才政策，推动乡村人才振兴，让各类人才在乡村大施所能、大展才华、大显身手。加大"三农"领域实用专业人才培育力度，提高农村专业人才服务保障能力。建立健全激励机制，研究制定完善相关政策措施和管理办法，鼓励社会人才投身乡村建设。

（三）提升基层党组织号召力，激发乡村振兴内生动力

党的政治建设是党的根本性建设，是乡村振兴战略破局之要。示范区要强化基层党组织在乡村振兴中的政治功能严格执行"三会一课"制度，从严党内政治生活，充分利用党员教育平台，以习近平新时代中国特色社会主义思想为理论"武器"，教育引领党员干部旗帜鲜明讲政治，牢固树立"四个意识"，坚定理想信念，坚定"四个自信"，强化的党性修养，引领全体党员更加坚定地执行乡村振兴战略各项目标任务。坚持党的群众路线，善于运用党的群众工作方式方法，有效组织动员群众，要切实把群众力量凝聚到推动乡村振兴上来。农村要发展，党建是关键。实现乡村振兴战略，加强党

建引领、提升组织力至关重要。我们必须以改革创新精神全面推进农村党的建设，发挥党的强大力量，不断提高党在农村的政治领导力、组织覆盖力、群众凝聚力和社会号召力，打造新时代乡村振兴的动力引擎，从而实现农业强、农村美、农民富。

（四）鼓励建立共赢的"联村党建"机制

为促进革命老区乡村全面振兴，为了有效解决"头雁"难选优、党支部难建强、乡村难治理、产业难提升等实际问题，在充分尊重党员群众意愿的基础上，各级党组织要因地制宜组建联村党委，通过组织联建、治理联抓、产业联兴、人才联育，实现抱团发展、联合振兴，走出一条农村集约集聚发展、党建引领乡村振兴的新路子。鼓励建立完善"联村党建"机制，能够实现资源优化配置，发挥抱团发展优势，促进革命老区人民共同富裕，乡村全面振兴。

（五）有序推进村庄民间组织发展

村庄民间组织在参与乡村振兴建设以及促进农村社会和谐有序发展方面正发挥着越来越大的作用，村庄民间组织能够从根本上改变中国农村的社会结构和治理状况，有利于推进农村的民主和法制。项目村基层党组织应号召当地农民积极参与村庄民间组织的建设。目前，大多数项目村的民间组织发育都不完善，绝大多数项目村没有教育基金会。乡村振兴离不开人才，目前，农村仍有许多学生因为缺乏教育资金而辍学，示范区乡镇以及基层党组织应组建教育基金会，为乡村振兴培养人才。同时基层党组织还应有序推进村庄其他民间组织的发展，发挥民间组织在乡村振兴中的积极作用。

（六）创新思路，发展"党建+"模式

革命老区在乡村振兴示范区建设中，应不断创新发展思路，积极探索"党建引领、村社一体、村企共建、多方共赢"的发展思路。党建引领就是把党员群众有效组织起来，提高组织化程度；村社一体就是把土地资源有效集中起来，提高规模化程度；村企共建就是把各类主体有效调动起来，提高市场化程度；多方共赢就是把改革效益有效发挥起来，提高共享化程度。以党建促脱贫攻坚、促乡村振兴，以组织振兴助推乡村振兴。在积极探索新发展思路的同时还应注重"党建"在乡村振兴中的重要作用，推动"党建＋"模式的发展，农村基层党组织建设，既要一个好的带头人，也要一个好班子，革命老区乡村振兴示范区在发展过程中，积极探索"党建＋"路径，比如"党建＋好产业""党建＋好制度"等模式，促进革命老区早日实现乡村振兴。

（七）壮大集体经济，促乡村全面振兴

发展壮大村级集体经济是促进农村社会经济发展，实现农民共同富裕，加快农业和农村现代化建设的重要内容，是保障农村基层组织正常运转、巩固党在农村执政地位的重要物质基础[6]，集体经济的发展壮大对于增强村级基层组织的凝聚力、号召力和战斗力具有十分重要的意义，项目村应发展壮大村集体经济，实现乡村全面振兴，农民共同富裕。第一，项目村发展集体经济应做好产业规划。项目村应依托当地特色、优势资源，大力开展资本经营。基层党组织应带领农民积极探索资本经营，进行多渠道投资，实现集体资产增值最大化。第二，利用政府财政资金投入撬动社会资本进入村庄，深入贯彻党的十九大精神，落实《中共中央 国务院关于实施乡村振兴战略的意见》《国务院关于新时代支持革命老区振兴发展的意见》精神，根据《中央专项彩票公益金支持欠发达革命老区乡村振兴项目资金管理办法》，项目区应利用国家中央专项彩票公益金支持欠发达革命老区乡村振兴项目资金5000万元，发挥财政投入的杠杆作用，积极吸引社会投资参与示范区建设，探索乡村振兴建设的多种融资渠道，破解"人、地、钱"等瓶颈难题，为农村发展引入源头活水。第三，发展村级集体经济要坚持生态效益和经济效益双管齐下。发展集体经济既要注重效益又要坚持生态，项目村应统筹村集体资源，发展绿色经济，注重保护生态环境，坚决杜绝破坏污染环境，引进适合本村可持续发展的企业及产业，要带动本村剩余劳动力就业，增加农民收入，同时项目区发展集体经济应坚持"村民共参共享共治"理念，集体经济的健康持续发展能有效带动农民积极性的作用，共同参与到集体项目，共享集体经济带来的收益，共同参与乡村的治理管理。壮大可持续发展的集体经济，有利于实现农民共同富裕[7]。

推动乡村五大振兴，组织振兴是根本保证，决定着产业振兴、人才振兴、文化振兴、生态振兴的效果。实现新时代乡村振兴，必须增强各级党组织特别是基层党组织的政治领导力，着力发挥党集中力量办大事的政治优势，把党的全面领导落实到乡村振兴战略实施过程中，把党的主张变为各级党组织和干部群众的自觉行动。项目村应发挥基层党组织的战斗堡垒作用，以组织振兴推动产业振兴、人才振兴、文化振兴、生态振兴联动发展，实现乡村全面振兴。

本报告基于对全国 28 个省（自治区、直辖市）40 个欠发达革命老区县（市、区），80 个乡镇，421 个村庄开展乡村振兴示范区项目建设工作的调研，发现目前欠发达革命老区乡村振兴示范区组织振兴整体发展情况较好，但在发展过程中仍存在一些问题。从乡镇层面来看：欠发达革命老区乡村振兴示范区乡镇集体经济整体发展水平较低，且乡镇财务普遍存在负债情况，党员培训呈现单一化趋势。从示范区项目村层面来看：项目村基层党组织配置不合理且综合素质较低；项目村民间组织发展欠佳；项目村财务问题比较棘手以及项目村村庄治理仍需进一步提升。根据对欠发达革命老区乡村振兴示范区的调查以及对欠发达革命老区乡村振兴示范区组织振兴中的经典案例进行探讨，为更好地促进欠发达革命老区乡村振兴示范区组织振兴，本报告认为欠发达革命老区在今后发展中应从以下七个方面着手：第一，提升基层党组织统领力，引领乡村振兴战略航向；第二，提升基层党组织支撑力，建强乡村振兴人才队伍；第三，提升基层党组织号召力，激发乡村振兴内生动力；第四，鼓励建立共赢的"联村党建"机制；第五，有序推进村庄民间组织发展；第六，创新思路，发展"党建+"模式；第七，壮大集体经济，促乡村全面振兴。

　　农村要发展，党建是关键。实现乡村振兴战略，加强党建引领、提升组织力至关重要。欠发达革命老区更是必须以改革创新精神全面推进农村党的建设，发挥党的强大力量，不断提高党在农村的政治领导力、组织覆盖力、群众凝聚力和社会号召力，打造新时代乡村振兴的动力引擎，从而实现农业强、农村美、农民富。

参考文献

　　[1]潘劲.合作社与村两委的关系探究[J].中国农村观察，2014（2）.

　　[2]杜鹏.一线治理：乡村治理现代化的机制调整与实践基础[J].政治学研究，2020（4）.

　　[3]王秋月.村社联动：村级有效治理的路径选择——川西平原D村的实践与启示[J].华中农业大学学报（社会科学版），2019（6）.

　　[4]张晓山.农村基层治理结构：现状、问题与展望[J].求索，2016（7）.

　　[5]苑丰.政经互促：乡村组织振兴的理论解构与实践创新——基于"村社全要素股份合作"改革试点[J].改革与战略，2022（8）：1-13.

　　[6]陆雷，崔红志.农村集体经济发展的现状、问题与政策建议[J].中国发展观察，2018（11）：36-38.

　　[7]崔超.发展新型集体经济：全面推进乡村振兴的路径选择[J].马克思主义研究，2021（2）：89-98.

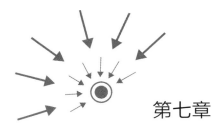

第七章

典型革命老区
研究报告

● 本章作者：庞海月，中国农业大学经济管理学院
博士研究生；李元文，中国农业大学经济管理学院博
士研究生。

一、闽粤赣革命老区

（一）基本信息

1. 历史沿革

闽粤赣革命老区在土地革命战争中，主要涉及了两个重要时期。

一是井冈山时期，即从 1927 年 9 月毛泽东率领秋收起义部队上井冈山建立革命根据地，到 1929 年 1 月毛泽东、朱德和彭德怀先后率红四军和红五军下山，井冈山根据地主体部分失守，革命斗争的中心区域随着毛、朱率红四军离去而转移了。这个阶段有 1 年零三四个月。

二是中央苏区时期，1929 年 1 月毛泽东、朱德率红四军下井冈山后转战赣南、闽西，经过 1 年半多的艰苦斗争，开辟了中央苏区。在连续取得三次反"围剿"胜利后，1931 年 11 月，成立了中华苏维埃共和国临时中央政府。在 1933 年二三月间取得第四次反"围剿"胜利后，中央苏区发展至鼎盛。第五次反"围剿"失败后，中央红军不得不于 1934 年 10 月实行战略转移，中央苏区的主体部分随之丧失。这个时期有 5 年零 10 个月。

总之，闽粤赣革命老区是土地革命战争时期中国共产党创建的最大最重要的革命根据地，是中华苏维埃共和国临时中央政府所在地，是中华人民共和国的摇篮和苏区精神的主要发源地。闽粤赣革命老区在土地革命斗争中占有重要的地位。它与中央苏区的关系极为密切，前期是中央苏区的后方根据地，后期发展成为中央苏区的组成部分。从时间来说，它占民主革命的四分之一；从内涵来说，它是以毛泽东为代表的中国共产党人探索"农村包围城市、武装夺取政权"的中国特色革命道路的关键时期；从意义来说，它是新中国的最初雏形。

2. 区划详情

闽粤赣革命老区包括江西省赣州市、吉安市、新余市全境及抚州市、上饶市、宜春市、萍乡市、鹰潭市的部分地区，福建省龙岩市、三明市、南平市全境及漳州市、泉州市的部分地区，广东省梅州市全境（含梅州市梅江区、梅县区、兴宁市、五华县、丰顺县、大埔县、平远县、蕉岭县）及河源市、潮州市、韶关市的部分地区。根据 2012 年 6 月 12 日国务院出台的《国务院关于支持赣南等中央苏区振兴发展的若干意见》（国发〔2012〕21 号），闽粤赣革命老区具体包含的 108 个县（区、市）见表 7.1。

表7.1　闽粤赣革命老区区划详情

省份	地级市	县（区、市）
江西	赣州市	章贡区、南康区、赣县区、经开区、信丰县、大余县、上犹县、崇义县、安远县、定南县、全南县、宁都县、于都县、兴国县、会昌县、寻乌县、石城县、瑞金市、龙南市
	吉安市	吉州区、青原区、吉安县、吉水县、峡江县、新干县、永丰县、泰和县、遂川县、万安县、安福县、永新县、井冈山市
	新余市	渝水区、分宜县
	抚州市	黎川县、广昌县、乐安县、宜黄县、崇仁县、南丰县、南城县、资溪县、金溪县
	上饶市	广丰县、铅山县、上饶县、横峰县、弋阳县
	宜春市	袁州区、樟树市
	萍乡市	安源区、莲花县、芦溪县
	鹰潭市	余江区、贵溪市
福建	龙岩市	新罗区、永定区、漳平市、长汀县、上杭县、武平县、连城县
	三明市	三元区、沙县区、永安市、明溪县、清流县、宁化县、大田县、尤溪县、将乐县、泰宁县、建宁县
	南平市	建阳区、延平区、邵武市、建瓯市、武夷山市、顺昌县、浦城县、光泽县、松溪县、政和县
	漳州市	芗城区、龙海市、南靖县、平和县、诏安县、华安县、云霄县、漳浦县
	泉州市	安溪县、南安市、永春县、德化县

续表

省份	地级市	县（区、市）
广东	梅州市	梅江区、梅县区、兴宁市、平远县、蕉岭县、大埔县、丰顺县、五华县
	河源市	龙川县、和平县、连平县
	潮州市	饶平县
	韶关市	南雄市

3. 人口信息

如图 7.1 所示，党的十八大以来闽粤赣革命老区的人口呈递增趋势，从 2012 年的 4537.584 万人增加到 2020 年的 4793.233 万人，增幅 5.336%。数据来源于 2012—2020 年《中国县域统计年鉴》，各地级市、县（市、区）统计年鉴，因数据来源有限，江西省宜春市袁州区、江西省萍乡市安源区、福建省漳州市芗城区没有纳入统计。

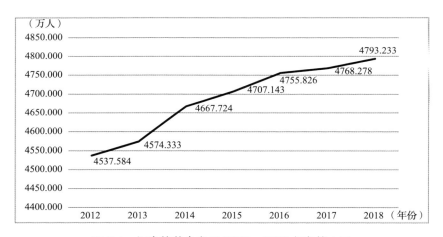

图 7.1　闽粤赣革命老区 2013—2020 年户籍人口

注：闽粤赣老区共涉及江西省、福建省、广东省 108 个区县，其中共搜集到 94 个区县的完整数据，为避免不同年份涉及区县不同导致的差异，本章图表均使用该 94 县的平均值进行展示，下同。

4. 老区政策

党的十八大以来，国家高度重视闽赣粤革命老区的振兴与发展，针对闽粤赣革命老区的经济发展滞后以及民生问题，以邓小平理论和"三个代表"重要思想为指导，深入贯彻落实科学发展观，弘扬苏区精神，加大扶持力度，努力走出一条欠发达地区实现跨越式发展的新路子，使原中央苏区人民早日过上富裕幸福的生活。

党的十八大之前，2012年6月12日国务院就出台了《国务院关于支持赣南等中央苏区振兴发展的若干意见》（国发〔2012〕21号，以下称意见），从解决民生问题、夯实农业基础、加强基础设施建设、壮大特色优势产业、可持续发展、社会事业等方面提出了指导性意见。

党的十八大之后，2014年3月20日国家发改委加强意见的落实，向江西省、福建省、广东省人民政府和国务院有关部委、直属机构出台《国务院关于赣闽粤原中央苏区振兴发展规划的批复》（国函〔2014〕32号，以下称规划），该规划包含108个县（市、区），规划范围不等同于原中央苏区，并提出统筹区域空间布局，以赣南、闽西为核心，依托重要交通干线，辐射带动沿线发展，培育壮大赣中、赣东、赣西、闽西北、闽南、粤东北组团，打造"双核六组团"的空间发展格局，并新提出统筹发展和区域内、区域间合作发展的战略。除此之外，2016年2月中共中央办公厅、国务院办公厅针对全国革命老区，印发了《关于加大脱贫攻坚力度支持革命老区开发建设的指导意见》，以贫困老区为重点，实施精准扶贫、精准脱贫，着力破解区域发展瓶颈制约。

除此之外，福建省、广东省和江西省也各自出台了扶持革命老区发展的一系列政策，见表7.2。

在政策扶持下，各级政府积极规划并落实闽粤赣革命老区发展战略，以下从经济、产业和社会事业三个方面阐述闽粤赣革命老区十八大以来的变化。因数据来源有限，本书只选取108中的95个闽粤赣革命老区县（区、

表7.2　闽粤赣各省革命老区扶持政策

省份	政策名称	时间	发布单位
福建	《福建省促进革命老区发展条例》	2012.12.1	福建省人大常委会
	《闽西革命老区高质量发展示范区建设方案》	2022.4.13	国家发展和改革委员会
广东	《海陆丰革命老区振兴发展规划》	2018.9.7	广东省发展和改革委员会
	《广东省促进革命老区发展条例》	2019.11.29	广东省人民代表大会常务委员会
	《中共广东省委　广东省人民政府关于新时代支持革命老区和原中央苏区振兴发展的实施意见》	2021.8.28	广东省委省政府
江西	《国务院关于支持赣南等原中央苏区振兴发展的若干意见》	2012.6.28	国务院
	《中共江西省委　江西省人民政府关于新时代进一步推动江西革命老区振兴发展的实施意见》	2021.4.21	江西省发展和改革委员会

市）进行整理和分析。数据来源于 2012—2020 年《中国县域统计年鉴》，江西省赣州市章贡区、经开区、龙南市，吉安市吉州区、青原区，新余市渝水区，宜春市袁州区，萍乡市安源区；福建省龙岩市新罗区，三明市三元区，南平市延平区，漳州市芗城区；广东省梅州市梅江区因数据缺失未纳入统计。

（二）社会经济发展

1. 经济发展

党的十八大以后，2013 年以来，闽粤赣革命老区经济发展向好，如图 7.2 所示，生产总值从 2013 年的 114815647 万元稳步增加到 2020 年的 207258083 万元，年均 GDP 增速为 8.80%。

如图 7.3 所示，闽粤赣革命老区 2012—2020 年一般公共支出大于收入，且差距逐渐拉大，其中一般公共支出呈上升趋势，从 2012 年的 16581.289 亿元

增加到 2020 年的 38960.430 亿元，增幅 57.441%，年均增速 11.27%；一般
公共预算收入浮动较小，基本维持在 10000 亿元左右。

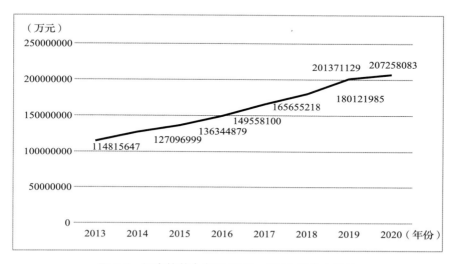

图 7.2　闽粤赣革命老区 2013—2020 年生产总值

图 7.3　闽粤赣革命老区 2012—2020 年一般公共预算收入和支出

2. 产业结构

从不同产业来看，首先如图 7.4 所示，闽粤赣老区 2012—2020 年第二、三产业人口占户籍人口比例相当，第二产业略高于第一产业（不超过2%）；从总数来看，第二产业从业人数平均值约为 688691 人，第三产业从业人员平均值约为 7206178 人，第三产业人数略多。

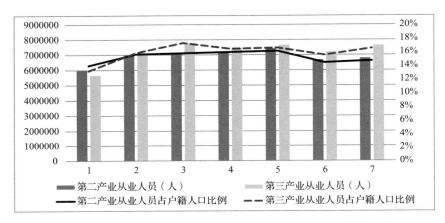

图 7.4　闽粤赣革命老区 2012—2020 年第二、三产业人数及占比

其次如图 7.5 所示，闽粤赣革命老区第二产业发展向好，第二产业增加

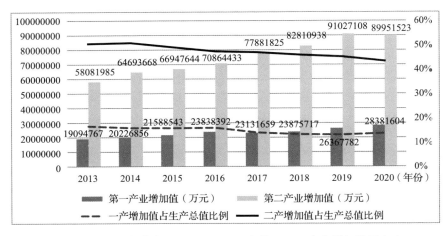

图 7.5　闽粤赣革命老区 2013—2020 年第一、二产业增加值及占比

值稳步上升，从 2013 年的 58081.985 亿元上升到 2020 年的 89951.523 亿元，增幅 35.430%；第一产业增加值波动幅度较小，2013—2020 年平均值为 23313.165 亿元。另一方面，2020 年第一、二产业增加值占生产总值比例较 2013 年有所降低，幅度不超过 10%。

3. 农业发展

基于数据可得性，本节展示了 2012 年至 2016 年的县域农业数据。闽粤赣老区县域平均粮食产量总体有增加趋势，2012 年平均粮食总产量有 14.40 万吨，到 2016 年增加到了 15.20 吨，同时，油料和肉类的产量也呈现出增长趋势，油料总产量由 2012 年的 5.07 万吨增长到 5.92 万吨，肉类总产量由 2.57 万吨增长到 3.20 万吨，如图 7.6 所示。

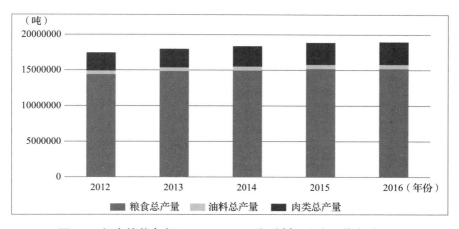

图 7.6　闽粤赣革命老区 2012—2016 年油料、肉类、粮食总产量

4. 社会事业

党的十八大以来，闽粤赣革命老区教育体系不断完善，如图 7.7 所示，2012—2020 年，闽粤赣革命老区的普通中学在校学生数小于小学在校学生数，并呈增长趋势，其中小学在校学生数从 2012 年的 3268.341 万人增加到 2020 年的 3455.339 万人；普通中学在校学生数从 2012 年的 2298.594 万人增加到 2020 年的 2484.305 万人。

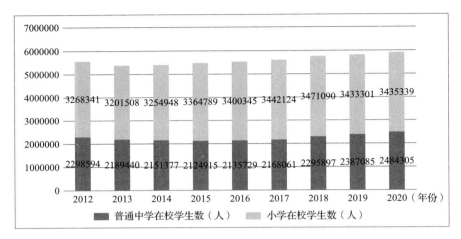

图 7.7　闽粤赣革命老区 2012—2020 年学生人数

党的十八大以来，闽粤赣革命老区社会福利和医疗机构不断完善和发展，如图 7.8 所示，2012—2020 年闽粤赣革命老区社会福利性单位数稳步增长，增幅 47.036%，期间 2016 年至 2017 年增长了 538 个，随后 2018 年小幅度下降至 2309 个。特别地，从医疗卫生机构和社会福利收养性的床位数来看，闽粤赣革命老区的医疗、社会福利基础设施建设也在不断完善，如图 7.9 虚线所示趋势线，2013—2020 年医疗卫生机构和社会福利收养性床位数呈上升趋势，医疗卫生机构的床位数上升幅度更大。

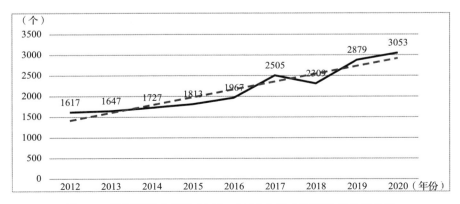

图 7.8　闽粤赣革命老区 2012—2020 年社会福利收养性单位数

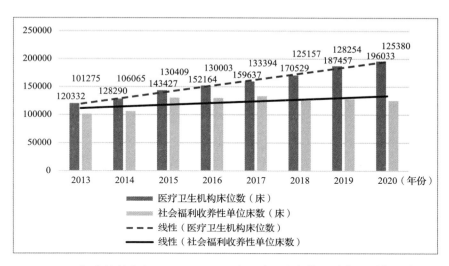

图 7.9　闽粤赣革命老区 2013—2020 年医疗卫生机构和社会福利收养性
床位数

（三）红色文化

闽粤赣革命老区孕育了宝贵且丰富的红色文化，从物质类红色文化来看，福建省有革命（红色）文物 962 处（点），革命遗址 2500 多处；广州省老区苏区共有不可移动革命文物约 1500 处，包括国保 8 处、省保 94 处、市县保 659 处、登记文物点 739 处；江西省有 2400 余处革命遗址和纪念场所，340 余处已开发的红色景区，47 个 A 级以上红色旅游景区（5A 级景区 3 个、4A 级景区 17 个、3A 级景区 25 个），拥有中央直属的井冈山干部学院、19 处国家级爱国主义教育基地和 1 所中央直属干部学院（井冈山干部学院）。

在精神文化上，闽粤赣的革命先烈用汗血拼搏和顽强毅力，给我们留下了井冈山精神、苏区精神、老区精神等红色精神。

"环顾同志中，阮贺足称贤。阮誉传岭表，贺名播幽燕。审计呕心血，主政见威严。哀哉同突围，独我独生存。" 1936 年陈毅在惊悉阮啸仙和贺昌先后牺牲的噩耗时而挥毫写下的，标题是《哭阮啸仙、贺昌》，诗中"阮誉传岭表""审计呕心血"等句，正是阮啸仙等中国共产党杰出的革命家革命活动的真实写照。

闽粤赣的革命先烈包含但不限于，邓子恢（1896—1972）——福建省龙岩新罗区人，闽西革命根据地和苏区的主要创建者和卓越的领导人之一；瞿秋白（1899—1935）——福建省江苏常州人，中国革命文学事业的奠基人之一；彭湃（1896—1929）——广东省海丰人，中国农民革命运动的先导者和著名海陆丰苏维埃政权创始人；阮啸仙（1898—1935）——广东省河源人，广东地区青年运动的先驱者之一；方志敏——江西省上饶人，他把马克思主义普遍真理与赣东北实际相结合，创造了一整套建党、建军和建立红色政权的经验，毛泽东称之为"方志敏式"根据地；袁玉冰（1899—1927）——江西省泰和人，马克思主义的传播者；曾天宇（1896—1928）——江西省万安人，南昌支部最早发展的党员之一，建立江西省第一个县级苏维埃政权。

"一代人有一代人的使命"，闽粤赣革命先烈的精神力量绵延不绝。

井冈山光辉的斗争实践，生动诠释了"中国的红色政权为什么能够存在"，其所孕育的井冈山精神，指引着中国革命一步步迈向成功，为我们党积累了宝贵的精神财富。习近平总书记深刻概括井冈山精神的内涵，指出新时代弘扬井冈山精神最重要的是坚持四个方面，一是坚定执着追理想；二是实事求是闯新路；三是艰苦奋斗共难关；四是依靠群众求胜利。

中央苏区的精神内涵主要有四个方面，一是深信"星星之火，可以燎原"，中国革命必然胜利的坚定信念；二是反对"本本主义"，深入实际调查，"从斗争中创造新局面"的开拓进取理念；民主建政、"真心实意地为群众谋利益"、创造"第一等的工作"的执着追求；四是艰苦奋斗、廉洁奉公的优良作风；五是无私奉献、不怕牺牲、一往无前、勇于捐躯的彻底革命精神。

（四）典型案例

1. 福建连城县

连城是著名的革命老区。第二次国内革命战争时期，属中央苏区县之一，也是红军长征前东线最后一役——松毛岭战役发生地。连城县全面贯彻落实中央、省、市有关决策部署，扎实推进巩固拓展脱贫攻坚成果同乡村振兴有效衔接，接续做好全县 5 个脱贫乡（镇）、62 个脱贫村、6009 户 14366 人脱贫群众和重点监测户的帮扶工作。

水源村属县级贫困村，全村占地 8.862 平方公里，林地面积 11857 亩，耕地面积 795 亩，农蔬地、宅基地等约 330 亩，森林覆盖率约为 94%，共有水源、小溪、南坑 3 个自然村，261 户 915 人，8 个村民小组，贫困户 22 户 59 人，在 2018 年底已实现全部脱贫。村里有党员 35 人，村"两委"班子成员 7 人。2019 年荣获省级"乡村振兴实绩突出村"、市级"平安和谐村"、市级"人居环境整治试点村"称号。

图 7.10　连城县塘前乡水源村拦河坝　　　图 7.11　连城县塘前乡水源村
　　　　　工程建成前　　　　　　　　　　　　　　拦河坝工程建成

（图片来源于福建省连城县农业局）

2. 福建政和县

政和县地处闽浙两省三市接合部，县域面积 1745 平方公里，其中山地面积 223 万亩，耕地面积 22 万亩，基本呈"八山一水一分田"分布。全县辖5乡4镇1街道，总人口24万人，其中农业人口近18万人。政和县在做精做细茶、竹两个传统产业的基础上，积极实施高山蔬菜、名特优水果、优质食用菌、有机水稻等现代农业工程，建成一批产业示范村、农民专业合作社示范社，助力乡村振兴。

图7.12　2013年6月政和县城全景图（徐庭盛摄）

图7.13　2022年5月政和城关全景图（徐庭盛摄）

（图片来源于福建省政和县宣传部徐庭盛）

3. 福建长汀县

（1）政府助力易地扶贫搬迁群众。长汀南站幸福小区位于南部生态新区的长汀县策武镇，是目前福建省最大的脱贫户安置小区，距离城区 6 公里，已安置全县 17 个乡镇脱贫户 395 户 1594 人（国标 290 户 1155 人、省标 105 户 439 人），2020 年获评全国"十三五"美丽搬迁安置区。

长汀县策武镇以中央思想为指导，不断强化转移就业、培育发展产业、加强社区管理，全力以赴抓实易地搬迁后续帮扶工作，确保"搬得出、稳得住、能就业、快致富"。建立了一套完善的易地扶贫居住体系，周边设施完善。

小区内配套一座 100 余个学位的幼儿园，高效解决了小区居民孩子上学难的问题。整个小区距中区小学约 5 公里，距长汀一中初中部约 6 公里，地理位置优越，交通发达，小区门口配备公交车站，确保孩子上学安全。为了进一步完善小区居民的健康问题，在卫健委的指导下，小区 500 米范围内配备了一家村级卫生所，便捷的就医条件有利于我国的医疗卫生高效发展，居民也不需要担心因距离远而导致的身体健康问题。

目前小区成立了临时管委会，强化了小区日常管理和服务功能。实行人车分离、雨污分流、区间绿化、美化，道路硬化、亮化以及管线、管网落地埋设，建设了集中充电桩、保安亭、后山公园、休闲廊亭、公厕、垃圾中转站、公交停靠站等配套设施，进一步优化了居民的生活环境。

地方县镇村着眼于就业技能培训，多次开展相关活动，帮扶易地搬迁户就业培养，既能够充分发挥个人经验，又能够促进就业。搬迁户可以经镇村干部举荐，参加地方养殖公司的入职考核，提高收入水平。搬迁户也可以在县城灵活就业，为家庭添补收入。脱贫攻坚工作开展以来，易地搬迁户可以乘着党和国家的优惠政策的春风，在挂钩帮扶干部和村党支部的帮扶下，踏上脱贫致富的列车。搬迁群众不仅摘掉了"贫困帽"，日子还越过越好，一步步走上致富路。

（2）就业培训带动脱贫无业民众稳定增收。福建省长汀县大同镇建明村地处汀西闽赣交界，是边远贫困山区村，全村山林面积 11000 亩，其中竹林 7500 亩，耕地面积 220 亩，总人口 625 人。该村精准扶贫的县国土资源局主动融入，围绕"同步小康、整村脱贫"目标，探索"5+1"模式，对症下药，多方筹措，大大改善了贫困村落后的面貌，增强了贫困户脱贫致富的信心。

大力推动就业培训，保障稳定就业。大同镇政府领导、单位与大同镇贫困村、贫困户密切配合，在政策、信息、资金的推动下，开展生产脱贫、产业脱贫、就业脱贫和生活帮扶，已取得初步成效。镇、村挂钩帮扶干部精准施策，对于建档立卡的贫困户，通过实施"雨露计划"就业培训，转变思想观念，激发内生动力，使他们学有一技之长，注入发展活力，镇、村挂钩帮扶干经常入户鼓励、打气，同时推荐与其匹配的公司进行就业，公司提供五险一金并为其家人推荐工作。

加强安置区建设，保障群众基本生活。政府在推进就业的同时，积极响应国家号召，推进安置房建设，并建设相关周边设施。精准扶贫、精心施策让脱贫户看到了曙光，激发了他们自身动力，成功地避免了"等靠要"思想。近年来，在村干部的带领下，该村竹林产业发展成效显著，道路交通得以改善，社会治安稳定，人们思想素质和生活水平显著提高，在党的旗帜指引下，全村群众继续发扬艰苦朴素的作风，积极投身于经济建设，争取早日实现"造福工程"搬迁，走出大山，融入城镇化生活，为全面建成小康社会而努力奋斗。

二、陕甘宁革命老区

（一）基本信息

1. 历史沿革

陕甘宁革命老区在我们党的历史上具有十分重要而特殊的地位。它是党中央和红军长征的落脚点，也是党带领人民军队奔赴抗日前线、走向新中国的出发点。

抗战期间，陕甘宁边区始终处在极端艰苦的内外环境之中。从内部看，地瘠民穷，经济落后。从外部看，日军隔河伺机相犯。为阻止敌人进攻边区，进攻西北，边区政府把动员抗日战争、巩固后方、支援前线作为首要政务。陕甘宁边区人民热烈响应边区政府号召，为支援抗日战争付出了巨大的人力、物力和财力。据不完全统计，在十四年抗战中，陕甘宁边区有 3 万多青年参加八路军，以陕甘宁边区当时人口计算，平均不到 9 人就有一人应征。陕甘宁边区人民缴纳救国公粮达 100 多万石，支前 154 多万人次，组织 150 多万匹牲畜运送物资，做军鞋 20 多万双。同时，边区安置了 11500 余名伤病退伍军人，优待军烈属 10 万余人。边区各级政府还救济安置了从沦陷区和国统区逃来的移难民 6 万余户，26 万余人。陕甘宁边区军民上下一心，团结一致，自力更生，艰苦奋斗，不怕困难，不怕牺牲，全力支援抗日战争，为抗日战争的最后胜利作出了巨大贡献。这一历史事实有力地证明了，兵民是胜利之本，人民是我们党永远的根据地[1]。

2. 区划详情

陕甘宁革命老区位于中国西北的黄土高原上，包括陕北、陇东和宁夏东南。地势西北高而东南低，平均海拔高度约 1000 米。地形主要由两部分组成，一部分是"原地"，一部分是"川地"。"原地"放眼望去地势平坦，但却被无数纵横的沟壑所切割；川地土地肥沃，地势平坦。陕甘宁地区水力资源贫乏，除沿边区东面流过的黄河外，境内的河流水量很小，无法通航。根据 2012 年 3 月 25 日，国家发展改革委以发改西部〔2012〕781号印发《陕甘宁革命老区振兴规划》，规划范围（见表 7.3）包括：陕西省延安、榆林、铜川，甘肃省庆阳、平凉，宁夏回族自治区吴忠、固原、中卫等 8 个地级市，以及陕西省富平、旬邑、淳化、长武、彬县、三原、泾阳，甘肃省会宁，宁夏回族自治区灵武等9个县（市），总面积19.2万平方公里，2010年末总人口1762万人，共67个县（市、区），具体如表7.3所示。

表7.3　陕甘宁革命老区区划详情

省份	地级市	县（区、市）
陕西	榆林市	府谷县、神木市、佳县、米脂县、横山区、子洲县、绥德县、吴堡县、清涧县、靖边县、定边县、榆阳区
	延安市	子长县、延川县、延长县、安塞区、志丹县、吴起县、甘泉县、宜川县、黄龙县、富县、洛川县、黄陵县、宝塔区
	铜川市	宜君区、耀州区、王益区、新区、印台区
	咸阳市	旬邑县、淳化县、长武县、彬县、三原县、泾阳县
	渭南市	富平县
甘肃	白银市	会宁县
	平凉市	泾川县、灵台县、崇信县、华亭县、庄浪县、静宁县、崆峒区
	庆阳市	华池县、合水县、环县、庆城县、宁县、正宁县、镇原县、西峰区
宁夏	银川市	灵武市
	中卫市	中宁县、海原县、沙坡头区
	吴忠市	盐池县、同心县、青铜峡、红寺堡区、利通区
	固原市	彭阳县、西吉县、隆德县、泾源县、原州区

3. 人口信息

根据图7.14可以看出陕甘宁革命老区在2012—2020年年底常住人口数变化较平稳，基本维持在2000万人左右。陕甘宁革命老区的数据均来自于公开的官方统计年鉴数据，其中采用数据来自于《中国县域统计年鉴》《陕西省统计局统计年鉴》《甘肃省统计局统计年鉴》《宁夏回族自治区统计局统计年鉴》。

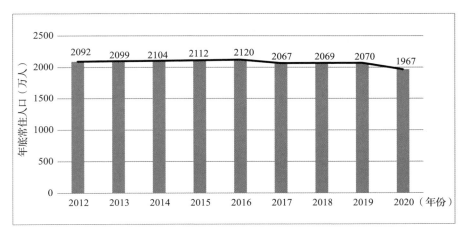

图 7.14　陕甘宁革命老区 2012—2020 年底常住人口

注：陕甘宁老区共涉及陕西省、甘肃省、宁夏回族自治区 67 个区县，其中共搜集到 43 个区县的完整数据，为避免不同年份涉及区县不同导致的差异，本章图表均使用该 43 县的平均值进行展示，下同。

4. 老区政策

有针对性的政策是新时代革命老区振兴发展的重要支撑。从助力老区脱贫攻坚到支持老区全面振兴，从聚焦重点区域到兼顾重点领域、重点人群，从着力增强自我发展能力到积极对接国家重大战略[2]。从"1258"到"1+N+X"。党的十八大以来，贯彻落实习近平总书记"全面建成小康社会，一个不能少，特别是不能忘了老区"的指示精神，党中央、国务院组织了实施若干支持革命老区经济发展的政策文件，以"1258"（1 个总体指导意见：《关于加大脱贫攻坚力度支持革命老区开发建设的指导意见》；2 个区域性政策意见：《国务院关于支持赣南等原中央苏区振兴发展的若干意见》《国务院办公厅关于山东沂蒙革命老区参照执行中部地区有关政策的通知》；5 个重点革命老区振兴发展规划：《陕甘宁革命老区振兴规划》《赣闽粤原中央苏区振兴发展规划》《左右江革命老区振兴规划》《大别山革命老区振兴发展规划》《川陕革命老区振兴发展规划》；8 个涉及老区的片区区域发展与扶贫攻坚规划）老区支持政策体系为统领，数百个配套政策齐发力，积极支持革命老区脱贫奔康。截至 2020 年底，国务院文件和相关规划明确的目标任务基本完成，老区脱贫攻坚取得决定性胜利。党的十九大以来，习近平总书记多次赴革命老区考察，对革命老区振兴发展作出重要指示，强调要做好革命老区的工作，把革命老区建设得更好，让老区人民过上更好生活。李克强总理等国务院领导同志对有关工作提出具体要求。

国务院支持革命老区发展的政策大部分在 2020 年到期，考虑到革命老区大部分仍属于欠发达地区，在胜利完成脱贫攻坚之后，有必要继续研究实施新的政策，助力革命老区巩固拓展脱贫攻坚成果，与全国一道开启社会主义现代化新征程。在此背景下，在全面总结 "十三五" 时期支持革命老区的政策落实情况的基础上，对实施效果好的政策加以延续，就效果一般的加以调整完善。2021 年 1 月，《国务院关于新时代支持革命老区振兴发展的意见》（国发〔2021〕3 号）出台，成为新发展阶段特别是"十四五"时期支持全国革命老区振兴发展的纲领性文件。同时针对"十四五"的目标任务，提出一批支持革命老区振兴发展的新政策，努力构建新时代支持老区振兴发展的 "1+N+X" 政策体系：一个主文件（《国务院关于新时代支持革命老区振兴发展的意见》），加一系列配套文件和一系列政策举措。2021 年 11 月，《"十四五"特殊类型地区振兴发展规划》《"十四五"支持革命老区巩固拓展脱贫攻坚成果衔接推进乡村振兴实施方案》相继公布，助力革命老区巩固拓展脱贫攻坚成果，推进乡村振兴和新型城镇化，在新时代推动革命老区实现高质量发展，开启社会主义现代化建设新征程，推动 "1+N+X" 的落实。

2021 年，省级实施方案相继制定，其中陕甘宁革命老区出台了《甘肃省人民政府关于新时代支持革命老区振兴发展的实施意见》《陕西省人民政府关于印发新时代支持革命老区振兴发展若干措施的通知》《宁夏回族自治区人民政府关于新时代支持革命老区振兴发展的实施意见》等先后出台。截至 2021 年 11 月底，2/3 以上老区省份出台了《国务院关于新时代支持革命老区振兴发展的意见》的实施意见。不少省还用立法的方式确保老区振兴落地落实。2021 年，各地老区发展法治护航步伐进一步加速。

（二）社会经济发展

作为党的历史上具有重要地位的革命老区，陕甘宁的变化是巨大的。2012—2021 年间，陕甘宁革命老区的综合实力明显增强，交通、水利、电力等发展基础设施更加稳固，产业发展水平明显增强，同时老区群众的获得感、幸福感和安全感得到了极大的提升。

1. 经济发展

如图 7.15 所示，从地区生产总值来看，陕甘宁革命老区的总体地区生产呈现出上升的趋势，同时相较于 2012 年的地区生产总值，2020 年陕甘宁革命老区的地区生产总值有了大幅度的提高，年均生产总值增速 5.29%。由此可见，2012—2020 年间，陕甘宁革命老区经济实力不断增强，经济水平稳步增长。

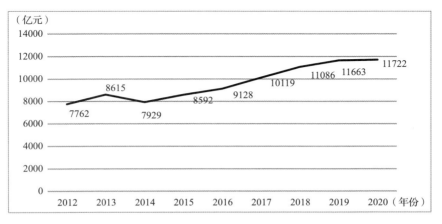

图 7.15　陕甘宁革命老区 2012—2020 年地区生产总值

如图 7.16 所示，从陕甘宁革命老区 2012—2020 年的一般公共预算收入和支出可以看出，两个指标均呈现出递增趋势，并且增长幅度较大，年均一般公共原酸收入增速为 7.59%，年均一般公共预算支出增速为 4.43%。一般公共预算支出远高于一般公共预算收入。

图 7.16　陕甘宁革命老区一般公共预算收入与支出

2. 产业结构

党的十八大以来，陕甘宁革命老区工业发展向好。从不同产业来看，首先如图 7.17 所示，陕甘宁老区 2013—2020 年第二、三产业人口占户籍人

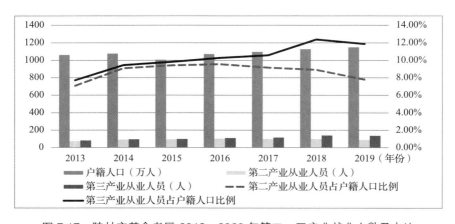

图 7.17　陕甘宁革命老区 2013—2020 年第二、三产业就业人数及占比

口比例相当；从总数来看，第二产业人数波动较小，第三产业就业人数持续
上升，第二产业从业人数平均值约为935142人，第三产业从业人员平均值
约为1112600人，第三产业人数略多。

从三产增加值占生产总值比重来看：陕甘宁革命老区2012—2020年间，
第一产业增加值有较小幅度的增加，第一产业增加值在生产总值中的占比处
于稳定的低水平状态。第二产业增加值在生产总值中的占比较高，但是有下
降的趋势。第三产业增加值不断增加，在生产总值中的占比呈现出上升趋
势，如图7.18所示。由此可见，在2012—2020年间陕甘宁革命老区的三次
产业均发展良好，第三产业占比不断增加，有利于经济的持续增长，吸纳更
多的劳动力就业。

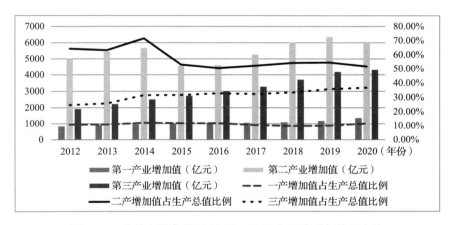

图 7.18　陕甘宁革命老区 2012—2020 年三产增加值及占比

3. 农业发展

基于数据可得性，本节展示了2012年至2020年的县域农业数据。陕
甘宁老区县域平均粮食产量总体有增加趋势，2012年平均粮食总产量有
1043.76万吨，到2020年增加到1110.44吨，其中，2016年有小幅度下降，
降至993.33万吨。同时，油料总产量总体趋势变化不大，在90万吨水平
上下浮动，肉类的产量出现下降趋势，肉类总产量由2012年的55.19万吨

下降到 33.26 万吨，如图 7.19 所示。

图 7.19　陕甘宁革命老区 2012—2020 年粮油肉产量

4. 社会事业

党的十八大以来，陕甘宁革命老区教育体系不断完善，如图 7.20 所示，从中小学在校生人数来看：在教育方面，2012—2020 年间，陕甘宁革命老区小学在校学生数和中学在校生人数都有了明显的增加，通过这一现象可以看出陕甘宁革命老区的教育需求不断提升，能够得到教育的人数逐渐增多。

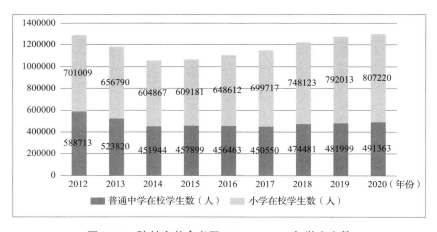

图 7.20　陕甘宁革命老区 2012—2020 年学生人数

　　党的十八大以来，陕甘宁革命老区社会福利和医疗机构不断完善和发展，如图7.21所示，2012—2020年陕甘宁革命老区社会福利性单位数稳步增长，期间2012年至2015年增长了65个，随后2016年小幅度下降至195个。特别地，从医疗卫生机构和社会福利收养性的床位数来看，陕甘宁革命老区的医疗、社会福利基础设施建设也在不断完善，如图7.22虚线所示趋势线，2013—2020年医疗卫生机构和社会福利收养性床位数呈上升趋势，医疗卫生机构的床位数上升幅度更大。

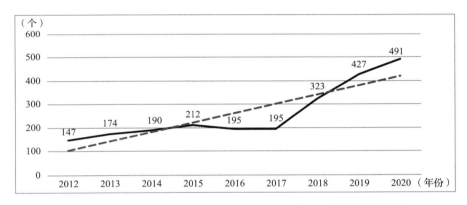

图 7.21　陕甘宁革命老区 2012—2020 年社会福利收养性单位数

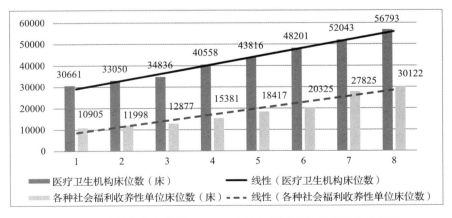

图 7.22　陕甘宁革命老区 2013—2020 年医疗卫生机构和社会福利
收养性床位数

（三）红色文化

红色文化与老区乡村振兴之间的契合点：红色文化以其独特的物质文化、精神文化、制度文化、行为文化，全面展示着中国共产党进行革命和建设的艰苦创业历程。革命老区保留着丰富的红色文化资源，如何抓住党中央号召的实施乡村振兴战略的契机，依托优势的红色文化资源，挖掘红色文化助力乡村振兴的功能和价值，从而使曾经为中国革命作出杰出贡献的老区人民尽快脱贫致富过上全面小康的新生活是老区发展的重要目标。无疑这是目前学术界研究的热点问题。红色文化是革命老区特有的文化资源，乡村振兴对老区而言机遇大于挑战。近年来红色文化发展势头迅猛，对革命老区的经济社会发展产生较大的带动作用。实施"乡村振兴战略"尤其对革命老区而言有着重要的现实意义。因此，红色文化与老区乡村振兴之间关系密切，两者围绕革命老区发展存在一定程度的契合性。

陕甘宁革命老区红色文化的内容构成：陕甘宁革命老区是由土地革命战争时期中国共产党"硕果仅存"的唯一革命根据地的陕甘边革命根据地和陕北革命根据地合并为的陕甘革命根据地，以及1935年10月中央红军到达陕北后统一建立的陕甘宁革命根据地两部分组成的。因此，从时间维度看陕甘宁革命老区包括陕甘革命根据地和之后建立的陕甘宁革命根据地，其发展历程有22年之久。陕甘宁革命老区保留着丰富的红色文化资源，全面反映了中国共产党带领人民创建革命根据地和局部执政的辉煌历史。通过对陕甘宁革命老区的红色文化细分，可以分为红色物质文化、红色精神文化、红色制度文化和红色行为文化四种类型。

红色物质文化指客观存在的、有形的文化形态，如标志物、纪念地、旧址遗址遗迹等。陕甘宁革命老区红色物质文化可分为旧址型、纪念型、遗产型、遗址型等类型。如刘志丹提出"三色"革命理论的红石峡会议旧址、中共中央讨论和制定抗日民族统一战线策略方针的瓦窑堡会议旧址、金汤故居和芦子沟故居两部分组成的志丹县刘志丹旧居。红色精神文化指的是红色文化在形成和发展过程中提炼出的价值观念、思维方式等。陕甘宁革命老区红色精神文化包括南梁精神、延安精神、南泥湾精神、抗大精神、照金精神、马栏精神和一些尚未形成精神的价值观或者理念。但这些精神文化都内涵为人民服务，自力更生、艰苦奋斗，实事求是以及创新。红色制度文化即红色文化的制度形态是红色文化精神的集中反映，是在红色精神文化和物质文化的基础上形成的理论、纲领、路线、方针、政策等一系列规范体系和行为模式，包括创建、推行、保护物质形态文化和精神层面红色文化的各种规章制度、政策法规等规范，比如民主选举制度、民主监督制度、廉政制度等。

红色文化助推陕甘宁革命老区乡村振兴战略实施[3]：实施乡村振兴战略是陕甘宁革命老区能否实现产业兴旺、乡风文明、治理有效、生态宜居和生活富裕的关键，也是关系到陕甘宁革命老区人民能否精准脱贫，实现全面小康的治本之举。由于陕甘边革命根据地和陕甘宁革命根据地相继存在长达二十二年，为陕甘宁革命老区留下了丰富的红色物质文化、精神文化、制度文化和行为文化。依托红色文化助力陕甘宁革命老区乡村振兴就具有十分重要的现实意义。近年来，红色文化为陕甘宁革命老区乡村振兴带来了实实在在的效益，取得了显著的成绩。当然红色文化在助推陕甘宁革命老区乡村振兴过程中还存在一些问题，通过分析这些问题及其背后深层原因，可为红色文化助推陕甘宁革命老区乡村振兴提供解决方案和实现路径打下坚实基础。

红色物质文化为陕甘宁革命老区带来可观的经济效益。陕甘宁革命老区红色物质文化丰富，包括旧址型、纪念型、遗迹型和遗产型等类型，近年来，通过吸引游客前来游览参观，促进当地吃、住、行、游、购、娱等方面协同发展，给陕甘宁革命老区带来了可观的经济效益。

红色精神文化为老区乡村基层党组织建设提供精神动力。陕甘宁革命老区孕育的南梁精神、马栏精神、延安精神和南泥湾精神等红色精神文化，这些红色精神文化为老区乡村基层党组织建设提供精神动力。

红色制度文化是中国共产党在根据地建设过程中创造革命理论、革命纲领、思想路线和方针政策，其中中国共产党建立的民主选举制度、民主监督制度、廉政制度、文化教育制度以及党员干部教育制度均无疑为乡村治理方面提供了有效的制度安排。

红色行为文化成为陕甘宁革命老区公共文化建设的靓丽品牌。陕甘宁地区红色氛围浓厚，到处都能体会到红色文化元素，不仅有革命领导人故居、红色文化遗产等红色物质文化，还包括内涵丰富的红色行为文化。红色行为文化业已成为陕甘宁革命老区公共文化建设的靓丽品牌。

（四）典型案例

1. 陕西耀州区

耀州区位于渭北高原南缘，总面积 1617 平方公里，人口 24.06 万人。"十三五"期间，耀州区投入大量人力、物力用于贫困村基础设施建设，助力

图 7.23　2007 年的耀州城全景　　　图 7.24　2020 年的耀州城全景
（石铜钢 摄）　　　　　　　　　　（赵军强 摄）

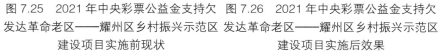

图 7.25　2021 年中央彩票公益金支持欠　图 7.26　2021 年中央彩票公益金支持欠
发达革命老区——耀州区乡村振兴示范区　发达革命老区——耀州区乡村振兴示范区
建设项目实施前现状　　　　　　　　建设项目实施后效果

脱贫和产业发展。脱贫攻坚以来，耀州区始终以产业促贫困户增收、以基础设施提升贫困村面貌，狠抓各种项目落实，使得耀州区面貌发生了极大的改善。

图 7.27 革命老区——耀州区照金镇　　图 7.28 革命老区——耀州区照金镇
　　　　旧貌（摄于 2012 年）　　　　　　　　　新貌（摄于 2020 年）

（图片来源：陕西省耀州区乡村振兴局）

2. 甘肃环县

环县总面积 9236 平方公里，辖 20 个乡镇 251 个行政村，总人口 36.51万人。2019 年底实现整县脱贫摘帽，2020 年底全县所有贫困村、贫困人口全部脱贫退出。"十三五"期间，环县投入大量人力、物力用于扶贫项目建设。通过实施危房改造、安全饮水项目等从根本上改变了老区人民的生产生活方式，使环县人民深切感受到党中央对革命老区群众的亲切关怀，脱贫信心倍增，真正实现产业兴、经济强、就业稳、百姓富、人心顺。

图 7.29 车道镇安掌村旧村部　　　　　　图 7.30 车道镇安掌村新村部

图 7.31　飞驰而过的高铁　　　　图 7.32　高铁、高速、国道、环江交会
（本地人亲切地称之为"蓝暖男"）

图 7.33　10 年前的村路　　　　　　图 7.34　如今的农村公路

图 7.35　南湫乡洪涝池村易地搬迁点　　图 7.36　南湫乡洪涝池村易地搬迁点
（建设前）　　　　　　　　　　　　（建设后）

图 7.37　车道镇代掌村路玉和旧住宅　图 7.38　车道镇代掌村路玉和新住宅

（图片来源：甘肃省环县摄影家协会）

三、沂蒙革命老区

（一）基本信息

1. 历史沿革

沂蒙革命老区是中华文明发祥地之一，在其麓区发现大汶口文化以及与其相承发展的龙山文化、岳石文化等新石器时代遗址几十处。西周初期周成王封颛臾国附庸于鲁，主祭蒙山。抗日战争和解放战争时期，中共先后在沂蒙老区建立了滨海、鲁中、鲁南革命根据地，有 20 多万人参军入伍，120 多万人拥军支前，10 万英烈血洒疆场，为抗击外来侵略和中国革命胜利作出了巨大的贡献和牺牲 [4]。

抗战期间，沂蒙抗日根据地被誉为"山东的小延安"，对中国革命作出了巨大贡献。中共在沂蒙创建了一个强大、牢固的战略基地，成为解放军"北战东北，南下长江"的依靠，全面抗战爆发初期，中共党组织在沂蒙没有一兵一卒。徐州会战后，国民党军除鲁南张里元部等少量地方武装外，全部撤出沂蒙，沂蒙全境陷落。中共山东省委抓住日军进逼、国民党军撤逃的时机，点燃抗日烽火，领导人民进行抗日武装起义，建立起数十支抗日队伍。到 1938 年 12 月，统一整编为八路军山东纵队 10 个支队 2 万多人，而这些部队约有一半活动在沂蒙。山东纵队在游击战争中继续发展，到 1940 年 11 月，发展到 4 个旅、4 个支队 6.5 万人。到 1945 年 8 月，八路军山东主力部队和基干武装发展到 28 万人，这些部队也有半数活动在沂蒙。

抗战中，以沂蒙为中心的山东战场牵制了大量的日伪军。1938 年上半年的徐州会战，牵制日军 30 万人；1945 年上半年，日军增兵山东沿海，山东战场日军总兵力达 10 万余人，占华北日军总兵力的一半。其他年份抗击日军兵力大体也在五六万人。山东抗击伪军的数量居全国各抗日根据地之首，大大减轻了其他战场的压力。1940 年全国伪军 22.5 万人，山东 8 万人，占全国总数的 36%；1943 年全国伪军 73.5 万人，山东 18 万人，占 24.5%；1945 年全国伪军 95.5 万人，山东 17.1 万人，占 18%。

2. 区划详情

沂蒙老区以沂蒙山为中心，以今临沂市政区为主体的包括毗邻部分地带的山东省东南部地区，临沂位于山东省的东南部，东部连接日照，地近黄海，西接枣庄、济宁、泰安，北靠淄博、潍坊。地跨东经 117′24″—119′11″，北纬 34′22″—36′22″。南北最大长距 228 公里，东西最宽度 161 公里，总面积 17184 平方公里，是山东省人口最多、面积最大的市。现辖兰山、罗庄、河东 3 区及郯城、莒南、沂水、蒙阴、平邑、费县、沂南、临沭、兰陵 9 县。有 250 个乡镇办事处，9544 个行政村，汉族、回族、满族、朝鲜族、壮族、彝族、苗族、蒙古族、藏族等 33 个民族的人民共同生活在沂蒙山区这块富饶美丽的土地上。

临沂地处鲁中南低山丘陵区东南部和鲁东丘陵南部，地势西北高东南低，自北而南，有鲁山、沂山、蒙山、尼山四条主要山脉呈西北——东南向延伸，控制着沂沭河上游及其主要支流的流向。以沂沭河流域为中心，北、西、东三面群山环抱。向南构成扇状冲积平原。地形复杂，差异明显，山区重峦叠嶂，千峰凝翠，丘陵逶迤蜿蜒，连绵起伏，平原坦荡如砥，一望无际，河道纵横交差，碧水如练。山地、丘陵、平原面积各占总面积的三分之一。

沂蒙老区主要是指以山东沂水、蒙阴等县为中心的鲁中南山区地带，包括潍坊市的临朐县，淄博市沂源山区、日照市西部山区以及临沂地区的中北部等地，具体包含 18 个县（区、市）如表 7.4 所示。

表7.4　沂蒙革命老区区划详情

省份	地级市	县（区、市）
山东	临沂市	兰山区、罗庄区、河东区、兰陵县、蒙阴县、费县、平邑县、沂水县、沂南县、郯城县、临沭县、莒南县
	潍坊市	临朐县
	淄博市	沂源县
	济宁市	泗水县
	泰安市	新泰市
	日照市	五莲县、莒县

3. 人口信息

通过图 7.39 可以看出，在 2012—2020 年间，沂蒙革命老区的人口呈现出逐步上升的趋势，2020 年户籍人口显著高于 2012 年的户籍人口总数。数据来源于 2012—2020 年《中国县域统计年鉴》，各地级市、县（市、区）统计年鉴。因数据有限，临沂市兰山区、罗庄区、河东区没有纳入统计。

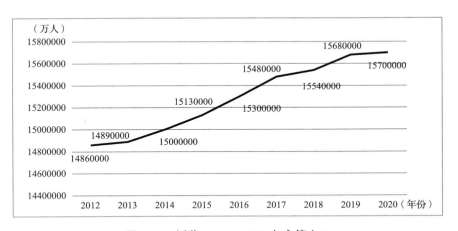

图 7.39　沂蒙 2012—2020 年户籍人口

注：沂蒙革命老区共涉及山东省 18 个区县，其中共搜集到 15 个区县的完整数据，为避免不同年份涉及区县不同导致的差异，本章图表均使用该 15 县的平均值进行展示，下同。

（二）社会经济发展

在政策扶持下，各级政府积极规划并落实革命老区发展战略，沂蒙老区发生了巨大的改变。2012—2021年间，沂蒙革命老区的综合实力明显增强，交通、水利、电力等发展基础设施更加稳固，产业发展水平明显增强，同时老区群众的获得感、幸福感和安全感得到了极大的提升。

1. 经济发展

党的十八大以后，2012年以来，沂蒙革命老区经济发展向好，如图7.40所示，生产总值从2012年的39899936万元稳步增加到2020年的54804922万元，年均生产总值增速为4.05%。

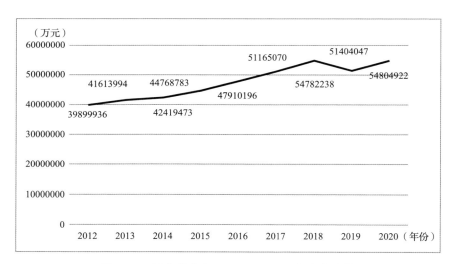

图 7.40　沂蒙革命老区 2012—2020 年生产总值

如图7.41所示，沂蒙革命老区2012—2020年一般公共支出大于收入，且差距逐渐拉大，其中一般公共支出呈上升趋势，从2012年的400.670亿元增加到2020年的775.466亿元，增幅93.542%，年均增速为8.25%；一般公共预算收入浮动也较大，从2012年的161.043亿元增加到2020年的775.466亿元，增幅80.072%，年均增速为21.71%。

图 7.41　沂蒙革命老区 2012—2020 年一般公共预算收入和支出

2. 产业结构

党的十八大以来，沂蒙革命老区工业发展向好。从不同产业来看，首先如图 7.42，沂蒙老区 2012—2020 年第二、三产业人口占户籍人口比例相当；从总数来看，第二产业人数波动较小，第三产业就业人数持续上升，第二产业从业人数平均值约为 2261276 人，第三产业从业人员平均值约为 2331049 人，第三产业人数略多。

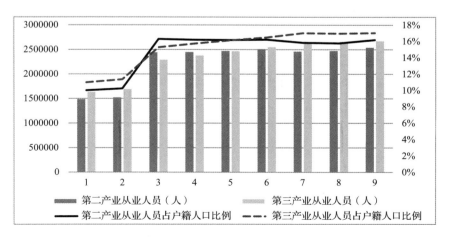

图 7.42　沂蒙革命老区 2012—2020 年第二、三产业人数及占比

其次如图 7.43 所示，沂蒙革命老区第二产业发展向好，第二产业增加值稳步上升，从 2012 年的 1713.884 亿元上升到 2020 年的 1859.293 亿元，增幅 37.027%；第一产业增加值波动幅度较小，2012—2020 年平均值为 612.666 亿元。另一方面，2020 年第一、二产业增加值占生产总值比例较 2012 年有所降低。

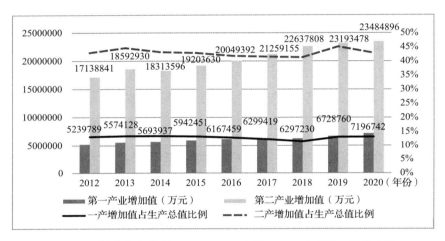

图 7.43　沂蒙革命老区 2012—2020 年第一、二产业增加值及占比

3. 农业发展

基于数据可得性，本节展示了 2012 年至 2016 年的县域农业数据。沂蒙革命老区县域平均粮食产量总体有下降趋势，2012 年平均粮食总产量有 444.31 万吨，到 2016 年下降到了 367.44 吨，同时，油料和肉类的产量变化不大，油料总产量在 90 万吨水平上下浮动，肉类总产量 105 万吨水平上下浮动，如图 7.44 所示。

4. 社会事业

党的十八大以来，沂蒙革命老区教育体系不断完善，如图 7.45 所示，2012—2020 年，沂蒙革命老区的中小学生人数呈增长趋势，其中小学在校学生数从 2012 年的 102.152 万人增加到 2020 年的 117.220 万人；普通中学在校学生数从 2012 年的 68.921 万人增加到 2020 年的 81.213 万人。

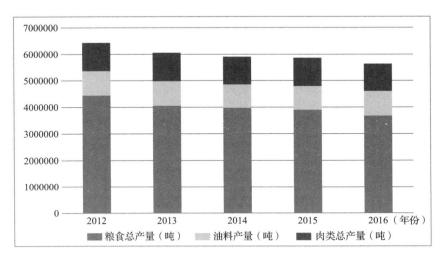

图 7.44　沂蒙革命老区 2012—2020 年粮油肉产量

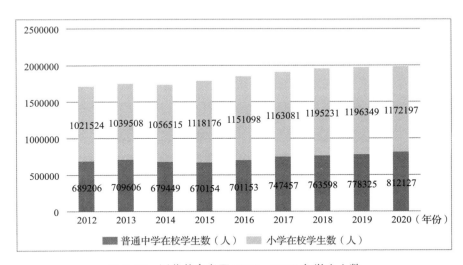

图 7.45　沂蒙革命老区 2012—2020 年学生人数

党的十八大以来，沂蒙革命老区社会福利和医疗机构不断完善和发展，如图 7.46 所示，2012—2020 年沂蒙革命老区社会福利性单位数稳步增长，从 2012 年至 2020 年期间，增长了千家社会福利和医疗机构。

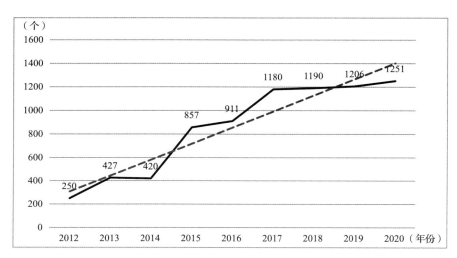

图 7.46　沂蒙革命老区 2012—2020 年社会福利收养性单位数

从医疗卫生机构和社会福利收养性的床位数来看，沂蒙革命老区的医疗、社会福利基础设施建设也在不断完善，如图 7.47 虚线所示趋势线，2012—2020 年医疗卫生机构和社会福利收养性床位数呈上升趋势，医疗卫生机构的床位数上升幅度更大。

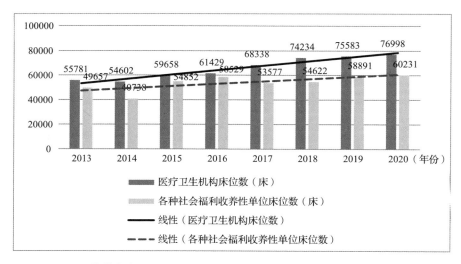

图 7.47　沂蒙革命老区 2012—2020 年医疗卫生机构和社会福利收养性床位数

（三）红色文化

沂蒙革命老区的红色物质文化资源丰富。按照国家旅游资源分类方法，沂蒙地区红色文化资源包括三大主类、八大亚类、十种基本类型，包括国家级爱国主义教育基地 4 处，省级爱国主义教育基地 20 处，市级爱国主义教育基地 54 处，县级爱国主义教育基地 260 多处，国家级重点文物保护单位 1 处，省级重点文物保护单位 9 处，市县级文物保护单位近百处。沂蒙地区的红色文化资源不仅仅分布广泛类型齐全，且部分老区遗迹如八路军 115 师司令部旧址、孟良崮战役遗址、新华社山东分社旧址等在全国范围内享有较高的知名度与影响力。

1. 临沂红色文化资源

大体上可以分为三类，主要有：（1）以夏蔚镇王庄为中心的沂水红色文化区域。这里地处沂蒙山腹地，徐向前、罗荣桓、陈毅三位老帅都曾在这里战斗过，是 20 世纪三四十年代山东军民抗战的指挥中心和山东省建党建军开创时期的革命圣地，在革命斗争史上被称为"王庄时代"。有八路军山东纵队指挥部、野战医院旧址、中共苏鲁豫皖边区省委遗址、山东分局、分局党校旧址、《大众日报》创刊地、印刷厂旧址、孟良崮战役陈毅指挥所旧址、山东第一个党支部——沂水支部诞生地、王庄烈士陵园等。（2）以马牧池乡为中心的沂南红色文化区域。这里有八路军第一纵队、山东纵队、中共中央山东分局、山东战工会、山东抗日军政干部学校、抗大一分校旧址、青驼镇山东战工会纪念馆、徐向前旧居、鲁中革命烈士陵园等。（3）以大店镇为中心的莒南红色文化区域。这里有八路军 115 师师部旧址、山东省政府旧址、中共山东分局、山东省军区驻地、刘少奇、罗荣桓等办公地、山东新华书店诞生地、山东省第一个团支部诞生地、中华抗日第一村——渊子崖、甲子山战斗遗址、鲁东南革命烈士陵园等。（4）以河东区九曲镇新四军军部旧址和华东革命烈士陵园为主体的临沂市内红色文化区域。1945 年10 月 28 日，新四军军部在军长陈毅的率领下北移山东，设在临沂市九曲镇前河湾，是新四军历史上最后一个军部所在地（之后新四军与山东八路军整编为华东野战军），现遗存有陈毅住所、张云逸住所及军部办公室共 15 间。华东革命烈士陵园建于中华人民共和国成立前的 1949 年 4 月，占地 15 万平方米，有大型纪念建筑物 18 处，是全国最大的综合型烈士陵园之一。（5）蒙山红色旅游区。位于沂蒙山腹地，是我党较早的革命根据地，主要包括 115 师东进支队司令部遗址，山东省委驻蒙山办公遗址等，陈毅、徐向前、罗荣桓、粟裕、肖华等老一辈革命家曾在这里工作和战斗过。蒙山旅游区山水风光秀丽，现为国家 4A 级旅游区，国家森林公园，省级风景名胜区。（6）孟良崮战役遗址。位于蒙阴县和沂南县境内，包括孟良崮战役纪念碑、纪念馆、战场遗址和孟良崮革命烈士陵园。（7）以大青山战斗遗址为主体的费县红色旅游区。包括大青山战斗遗址、沂蒙山小调诞生地纪念馆和革命烈士陵园等。

2. 以沂蒙精神为主线的红色文化遗产

沂蒙革命老区人民在革命战争年代形成的"爱党爱军、开拓奋进、艰苦创业、无私奉献"的沂蒙精神，是一笔宝贵的红色文化遗产，体现在革命战争年代涌现的英雄人物、英雄事迹纪念地（馆，园）以及红色歌曲、红色文学、红色影视等文艺作品及其题材等诸多方面。英雄人物纪念地有：以明德英、祖秀莲、李桂芳为代表的"沂蒙红嫂"纪念地，以王换于为代表的"沂蒙母亲"纪念地，以"沂蒙六姐妹"（张玉梅、伊廷珍、杨桂英、伊淑英、姬贞兰、公方莲），"英雄七姐妹"为代表的拥军支前，爱党爱军典型的纪念地；红色经典歌曲的诞生地有：费县白石屋村《沂蒙山小调》诞生地，沂南东高庄《跟着共产党走》歌曲诞生地；此外还有《南征北战》《红日》《红嫂》《英雄孟良崮》《车轮滚滚》《沂蒙山的故事》等一批红色经典文学、影视作品的取材地、拍摄地。

3. 社会主义建设时期涌现的一批红色典型

中华人民共和国成立后，沂蒙人民继续发扬沂蒙精神，艰苦奋斗创造了新的奇迹，先后有厉家寨、王家坊前、高家柳沟三个单位受到过毛泽东主席的批示表扬，其中以 1957 年 10 月 7 日作出的"愚公移山，改造中国，厉家寨是一个好例"批示最为著名[5]。

（四）典型案例

首先，沂蒙地区的红色旅游已经有所发展。2004 年 7 月，临沂市举办了全国红色旅游发展论坛，制定了红色旅游发展规划。2005 年临沂被列入全国 30 条，红色旅游精品线路，孟良崮战役遗址和华东革命烈士陵园成为全国 100 个红色旅游经典景区。山东省又确立了以临沂为中心的沂蒙山革命根据地为山东红色旅游的核心。2007 年临沂市编制完成了全国第一部地级市红色旅游发展规划——《临沂市红色旅游总体规划》。同年，临沂市被国家旅游局、全国红色旅游协调小组列为全国 8 个红色旅游重点城市。目前，临沂市已建成红色旅游区 10 个，完成建设投资 2.05 亿元，共接待游客 421 万人次，实现门票收入 3105 万元，红色旅游已成为临沂市旅游业的亮点。2008 年，红色旅游区共接待游客 500 多万人次，实现门票收入近 4000 万元。

其次，红色经济品牌建设取得一定成效。临沂市凭借革命年代传承下来的红色文化资源优势，赋予本地特色经济行业以丰厚的文化内涵，实现了从红色文化品牌到经济品牌的转变，比如沂蒙山小调系列食品、"六姐妹"系列食品、"沂蒙老区"酒以及"拥军布鞋""拥军独轮车"等，已经形成了一定的生产规模，对临沂市的经济发展起了较大的提升和带动作用。

第三，沂蒙精神大型展览成功举办。2005 年 8 月 16 日，为纪念中国人民抗日战争暨世界反法西斯战争胜利 60 周年，经中央宣传部批准，由中共山东省委、山东省人民政府主办的沂蒙精神大型展览在北京国家博物馆开幕，此后连续举办，成为宣传沂蒙精神的窗口。

第四，红色文化艺术取得一定成绩，以革命传统文化为蓝本的文艺精品不断涌现，2006 年大型民族交响乐《沂蒙山小调》获得全国民族交响乐大赛第四名，大型歌舞剧《沂蒙颂歌》好评如潮，大型电视连续剧《沂蒙》

被选为新中国成立 60 周年献礼剧等。

1. 山东沂南县

沂蒙山区，史称"四塞之固，舟车不通，内货不出，外货不入"，被誉为"山东小延安"。境内红色资源丰富，已查明并登记革命遗迹 182 处，其中国家级红色革命重点文物保护单位 1 处、省级 4 处、市级 3 处、县级 20 处。

图 7.48　沂南县景区规划
（沂南县乡村振兴局）

图 7.49　沂南县农村规划建设后
（沂南县乡村振兴局）

作为山东省 20 个扶贫工作重点县之一，沂南县坚持把脱贫攻坚作为首要政治任务和第一民生工程，按照"产业带动、金融支撑、精准施策、整村提升"攻坚路径，紧盯"两不愁三保障"和饮水安全重点任务，统筹谋划、系统推进，全县 6.7 万户 12.5 万建档立卡贫困人口全部实现稳定脱贫，135 个省扶贫工作重点村全部达标退出，高质量打赢脱贫攻坚战。

党的十八大以来，沂南县立足山水生态优势和红色文化底蕴，抓住"首批国家级旅游业改革创新先行区"机遇，坚持"政府引导、融合创新、全域共建、主客共享"的发展道路，形成了"以红带绿，以绿映红"的文旅融合发展新格局。先后建成沂蒙影视基地、竹泉村、智圣汤泉等 A 级以上景区 16 家，其中 4A 级景区 5 家，年接待游客超过 1000 万人次，入选"国家全域旅游示范区""全国旅游标准化示范县"和"中国县域旅游发展潜力百强县"，形成发展新动能。其中，红嫂家乡旅游区入选全国"建党百年红色旅游百条精品线路"，智圣汤泉被评为"最美中国（山东）最佳休闲度假景区"。

图 7.50　沂南县梁邱镇燕山村生产路
建设前（沂南县乡村振兴局）

图 7.51　沂南县农村水体治理后
（沂南县乡村振兴局）

图 7.52　竹林泉村景区
（沂南县乡村振兴局）

图 7.53　智圣汤泉度假区
（沂南县乡村振兴局）

2. 山东沂源县

沂源县位于沂蒙山腹地，因沂河发源地而得名，地处沂蒙山腹地，是东省平均海拔最高的县域内，因此被称为"山东屋脊县"。沂源县荒山多、土地少，经济基础薄弱，国家级重点贫困县的帽子一戴就是几十年。经过不懈努力和长期奋斗，如今实现了由贫困到初步小康的历史性转变。2021 年，沂源县 GDP 收入强势突破 300 亿元，达到 328 亿元；一般公共预算收入 21.6 亿元，年均增长 8.5%；固定资产投资 679.1 亿元；城镇和农村居民人均可支配收入分别达 46606 元、22250 元，分别是 2016 年的 1.4 倍、1.5 倍，被评为全省首批高质量发展先进县。

图 7.54　桑家峪变化前
（沂源县燕崖镇人民政府供图）

图 7.55　桑家峪变化后
（沂源县燕崖镇人民政府供图）

图 7.56　桑家峪住宅变化前
（沂源县燕崖镇人民政府供图）

图 7.57　桑家峪住宅变化后
（沂源县燕崖镇人民政府供图）

图 7.58　2021 年沂源县县城
（沂源县乡村振兴局供图）

图 7.59　现在沂源县县城
（沂源县乡村振兴局供图）

图 7.60　沂源县南麻街道赵家庄小型
水利设施项目施工前
（沂源县乡村振兴局供图）

图 7.61　沂源县南麻街道赵家庄小型
水利设施项目施工后
（沂源县乡村振兴局供图）

四、太行山革命老区

（一）基本信息

1. 历史沿革

1937 年 7 月，日军制造卢沟桥事变并发动全面侵华战争。日本作出"欲占领中国，必先占领华北，欲占领华北，必先占领山西"的战略部署。9 月中旬，朱德、任弼时、左权和邓小平等八路军领导人率总部机关和 129 师，继 115 师、120 师之后，由陕西省韩城县芝川镇东波黄河，挺进太行山，开赴华北抗日前线，并根据毛泽东"以太行山为依托，创立晋冀豫抗日根据地"的指示，在中共中央北方局和十八集团军总部直接领导下在大别山地区开展根据地建设工作。

1937 年 11 月 8 日，太原失守，华北战场以国民党军队为主体的正面抵抗基本宣告结束，并逐渐进入了以中国共产党领导的八路军等为主体的敌后游击战时期。在太原失守的前一天，即 1937 年 11 月 7 日，八路军在敌后战场创建的第一块游击根据地——晋察冀军区在五台山正式成立，聂荣臻任军区司令员兼政治委员，唐延杰任参谋长，舒同任政治部主任。紧接着在 12 月，129 师在正太路南侧的寿阳地区粉碎了日军的六路围攻，为太行根据地的创建奠定了"第一块基石"。

在敌后游击战时期，共产党领导的八路军以吕梁山、太行山等山脉为天然屏障在广大农村地区开辟了晋察冀、晋绥、晋冀鲁豫三大敌后抗日根据地，展开全面的游击战争，主要工作包括两个方面：一方面 129 师师长刘伯承率领师直、386 旅及 115 师 344 旅向晋东南转移，以太行、太岳山为依托，将三分之二以上的兵力分成若干游击队和工作团，分散到晋冀豫广大地区发动群众开展游击战争，在平汉路、正太路沿线打击继续南犯的敌人。与此同时，主力部队在山西"决死队"的配合下，向敌占交通线展开，形成了抗日根据地的环形对外正面。

太行山抗日根据地在抗日战争中具有显著的战略意义。首先，太行山的山地特点有利于打击侵略者。当时的 115 师师长林彪曾在平型关与日军初次交锋后总结分析："一到山地，敌人的战斗力与特长均要大大降低，甚至于没有。"而我军部队可以充分化整为零，利用坚韧的意志和巧妙的战术对敌人进行打击。

其次大别山地势有助于我军保持有生力量。大别山的几次战役中，日军确实多次使用"分进合击"的战法对八路军形成了合围，但在崎岖道路上的各路攻击队伍无法相互呼应；有时即便发现了沿山间小路撤退的我军，又受较重装备限制而无法完全脱离公路展开追击。如在 1942 年 6 月，日军对 129 师师部形成合围，刘伯承师长带领部队沿着一条地图上没有的"羊倌小道"跳出了包围圈。

2. 区划详情

太行山抗日根据地是以太行山为中心的太行、太岳、冀南、冀鲁豫几块抗日根据地。东至津浦路，西到同蒲路，北至沧石路、正太路，南至黄河、陇海路。具体名单见表 7.5。

表7.5　太行山革命老区区划详情

省份	地级市	县（区、市）
河北	石家庄市	平山县、灵寿县、鹿泉区、行唐县、井陉县、井陉矿区、赞皇县、元氏县
	邯郸市	涉县、武安市、峰峰矿区、磁县
	邢台市	信都区、临城县、内丘县、沙河市
	保定市	涞源县、易县、涞水县、满城区、阜平县、顺平县、唐县、曲阳县
	张家口市	蔚县、涿鹿县、怀来县
山西	长治市	潞州区、潞城区、屯留区、上党区、武乡县、沁县、襄垣县、黎城县、平顺县、长子县、壶关县、沁源县
	晋城市	城区、沁水县、阳城县、陵川县、高平市、泽州县

省份	地级市	县（区、市）
山西	阳泉市	盂县、平定县、城区、郊区、矿区
河南	忻州市	定襄县、五台县、繁峙县、代县
	大同市	灵丘县、广灵县、浑源县
	安阳市	安阳县、林州市
	鹤壁市	鹤山区、山城区、淇滨区、淇县
	新乡市	辉县市、卫辉市
	焦作市	修武县、博爱县、沁阳市
		济源示范区

资料来源：《关于新时代支持重点革命老区振兴发展的实施意见》《山西省人民政府关于新时代支持山西太行革命老区振兴发展的实施意见》。

3. 人口信息

如图 7.62 所示，党的十八大以来太行革命老区的人口呈递增趋势，从

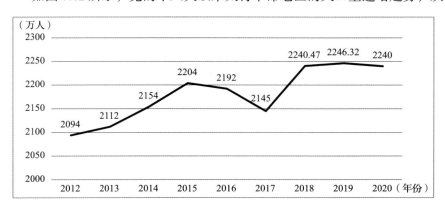

图 7.62　太行山革命老区 2012—2020 年户籍人口

注：太行山革命老区共涉及河北省、山西省、河南省 74 个区县，其中共搜集到 56 个区县的完整数据，为避免不同年份涉及区县不同导致的差异，本章图表均使用该 56 县的平均值进行展示，下同。

2012 年的 2094 万人增加到 2019 年的 2246.32 万人，增幅 7.27%，2020 年有所下降，人口降至 2240 万人。数据来源于 2012—2020 年《中国县域统计年鉴》，各地级市、县（市、区）统计年鉴。

4. 老区政策

党的十八大以来，各级政府高度关注革命老区得脱贫和建设工作。首先是规范老区资金转移支付工作。2012 年 6 月，财政部印发的《革命老区转移支付资金管理办法》规定，将老区转移支付资金由专项转移支付改为一般性转移支付。同时，老区转移支付资金不再要求县级财政配套。

二是发布专项计划推动老区振兴发展。2012 年 11 月 28 日，国务院批复实施了《燕山—太行山片区区域发展与扶贫攻坚规划（2011—2020 年）》，跨省区重点老区振兴发展规划，明确了这些重点老区发展的指导思想、战略定位、发展目标、空间布局、主要任务、发展重点、支持政策、保障措施等，通过实施专项计划推动老区振兴发展。

2015 年 12 月，中共中央办公厅、国务院办公厅印发了《关于加大脱贫攻坚力度支持革命老区开发建设的指导意见》，强调以支持贫困老区为重点，全面加快老区小康建设进程；以扶持困难群体为重点，全面增进老区人民福祉；以集中解决突出问题为重点，全面推动老区开发开放。这一文件对老区脱贫攻坚与开发建设的总体要求、工作重点、主要任务、支持政策、组织领导等问题做出了明确规定。根据该文件，河北省依此制定了《关于支持贫困革命老区加快发展的意见》。

"十三五"期间，开始开发老区的红色旅游资源带动老区加快发展。2017 年《中华人民共和国国民经济和社会发展第十三个五年规划纲要》中计划跨区域特色旅游功能区包括太行山生态文化旅游区：涉及北京、河北、山西、河南 4 省市。加快保定、石家庄、安阳、鹤壁、新乡、焦作、忻州、太原、阳泉、晋中、长治等旅游城市和旅游集散中心建设。积极推动特色旅游小镇建设，推进旅游精准扶贫，建设全国知名的生态文化旅游目的地。重点建设国家旅游风景道包括太行山风景道（河北石家庄、邢台、邯郸—河南安阳、新乡、焦作—山西晋城、长治）。

（二）社会经济发展

在政策扶持下，各级政府积极规划并落实革命老区发展战略，沂蒙老区发生了巨大的改变。2012—2021 年间，沂蒙革命老区的综合实力明显增强，交通、水利、电力等发展基础设施更加稳固，产业发展水平明显增强，同时老区群众的获得感、幸福感和安全感得到了极大的提升。

1. 经济发展

从地区生产总值来看，太行革命老区的总体地区生产呈现出上升的趋势，同时相较于 2013 年的地区生产总值，2020 年太行革命老区的地区生产总值有了大幅度的提高，年均生产总值增速为 3.40%，如图 7.63 所示。由此可见，2013—2020 年间，太行革命老区经济实力不断增强，经济水平稳步增长。

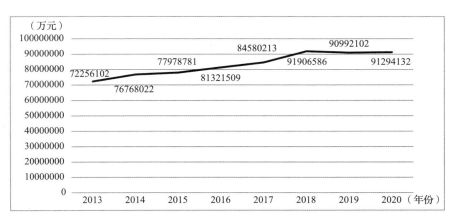

图 7.63　太行山革命老区 2012—2020 年生产总值

在 2012 年至 2020 年间，太行老区县域平均一般公共预算支出及一般公共预算收入稳步增长，为老区经济发展及社会运转提供了较好的保障。2012 年，太行老区县域平均一般公共预算收入为 6.20 亿元，2020 年，该指标已经上升到了 10.34 亿元，相比 2012 年增长了 66.91%，年均增速为

6.60%。同时，2012 年太行老区县域平均一般公共预算支出为 14.69 亿元，2020 年，一般公共预算支出增长到 31.01 亿元，相比 2012 年增长 111.13%，年均增速为 9.79%。在这期间内，一般公共预算支出与收入均稳步增长，尤其在 2017 年及之后，二者增长率均在 8% 以上，如图 7.64 所示。

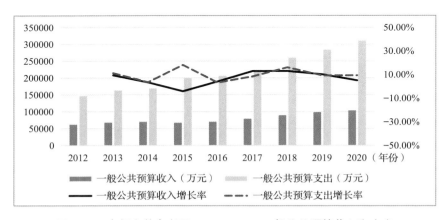

图 7.64   太行山革命老区 2012—2020 一般公共预算收入和支出

2. 产业结构

太行老区在第二产业、第三产业的从业人员数量上，都表现出了一定的变化。如图 7.65 所示，第二产业从业人员由 2013 年的 4.37 万人减少到

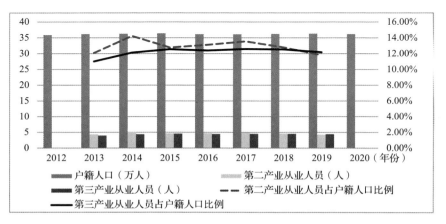

图 7.65   太行山革命老区户籍人口及产业人员占比

2019 年的 4.29 万人，在户籍人口中的占比由 12.08% 降低到 11.08%，第三产业从业人员由 2013 年的 3.98 万人增长到 2019 年的 4.43 万人，在户籍人口中的占比由 11.01% 增长到 12.19%，已然超过了第二产业的从业人员占比，一定程度上体现出了太行老区产业结构向第三产业转移的优化路径。

2013 年，太行老区的县域平均地区生产总值为 119.11 亿元，其中县域平均第一产业增加值为 11.18 亿元，占比 9.39%，县域平均第二产业增加值为 72.91 亿元，占比 61.21%，同时可以估计得到第三产业增加值占比为 29.40%。2020 年，太行老区的平均县域地区生产总值到达 139.30 亿元，相比于 2013 年增长了 16.95%，县域平均第一产业增加值增加到 13.80 亿元，在地区生产总值中占比提升到 9.91%，占比增加了 0.52%，县域平均第二产业增加值降低到 64.12 亿元，在地区生产总值中的占比降低到 46.03%，占比降低了 15.18%，与此同时，第三产业增加值占比增加了 14.66%，增加到 44.06%，如图 7.66 所示。

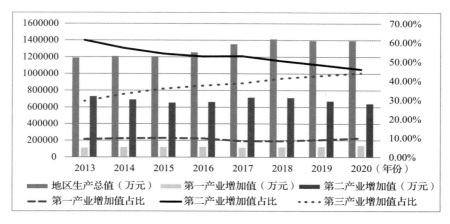

图 7.66　太行山革命老区不同产业增加值及其产值占比

3. 农业发展

基于数据可得性，本节展示了 2012 年至 2016 年的县域农业数据。太行老区县域平均粮食产量总体有减少趋势，2012 年平均粮食总产量有 18.26 万吨，到 2016 年便减少到了 17.09 万吨，同时，油料和肉类的产量均有增有减，水平没有显著变化，县域平均油料产量在 2012 年为 0.40 万吨，2016 年为 0.44 万吨，县域平均肉类总产量则基本围绕 2.5 万吨浮动，2012 年为 2.43 万吨，2016 年为 2.48 万吨。但从第一产业总体数据来看，太行老区的农业发展并未放缓，且稍有进步，太行老区 2013 年县域平均第一产业增加值为 11.18 亿元，在地区生产总值中占比 9.39%，2020 年增加到 13.80 亿元，占比提升到 9.91%，增加了 0.52%，如图 7.67 所示。

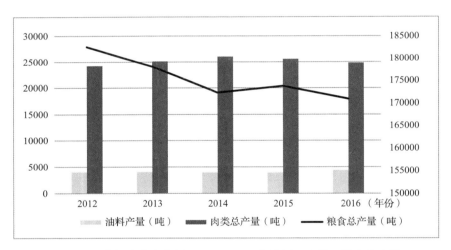

图 7.67　太行山革命老区 2012—2016 年油料、肉类、粮食总产量

4. 社会事业

太行老区在社会事业方面的发展体现出稳定向好的趋势。从教育方面看，小学在校学生数与中学在校学生数均稳步增长，2013 年，太行老区县域平均小学在校学生数约为 26785 人，2020 年平均小学在校学生数约为 27836 人。相比于小学在校学生数，太行老区的县域平均中学在校学生数有明显的差距，但同时也有更高的人数增长率，2013 年约为 17234 人的普通中学在校学生数，在 2020 年已经增长到了 19680 人。教育之外，医疗与

社会福利也是社会事业的重要组成部分。医疗卫生结构床位数在 2013 年到 2020 年间，从县均 1164 张增长到了县均 1645 张，社会福利收养性单位数在 2014 年出现了下降，但之后数量稳步回升，从县均 8.43 个社会福利收养性单位增长到了 2020 年的县均 10.16 个社会福利收养性单位，如图 7.68、图 7.69 所示。

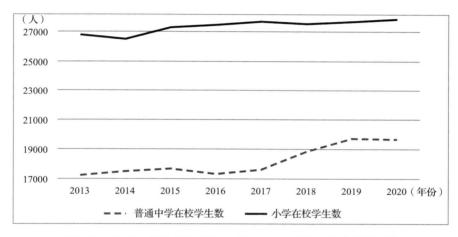

图 7.68　太行山革命老区 2013—2020 年小学与中学在校学生数

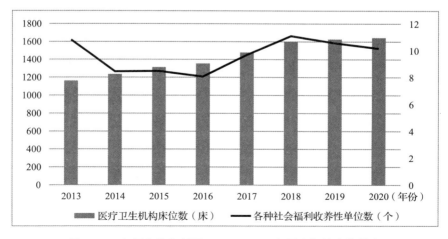

图 7.69　太行山革命老区 2013—2020 年医疗机构床位数和
各社会福利收养单位数

（三）红色文化

1. 抗战圣地，红色武乡

山西武乡是著名的革命老区，在抗日战争时期是华北抗日的指挥中枢，也是华北军事、政治、经济、文化的指挥中心，八路军总司令部、一二九师司令部、中共中央北方局、抗日军政大学总校、兵工学校等首脑机关曾在这里长期驻扎。

近年来，武乡县委、县政府以"旅游富民"战略作为脱贫攻坚的主要抓手，总体推进全域旅游、创新提升红色旅游、大力发展乡村旅游、全力实施"旅游＋扶贫"融合发展模式，发展成为脱贫攻坚的重要引擎，使更多的贫困人口共享到了旅游发展的红利。目前武乡县已经成为国家全域旅游示范区，近年来围绕打造"抗战圣地、红色武乡"品牌，武乡县利用红色资源、发扬红色传统、传承红色基因，走出一条革命老区发展红色文化旅游的新路径。

2. 晋察冀红色文化

河北阜平长期是晋察冀边区党政军首脑机关所在地，作为曾经的"晋察冀首府"，这里曾是晋察冀边区政治、军事、文化的中心，同时也是晋察冀红色文化的发源地和承载地。这里崭新的民主制度及完备的建构为新中国的成立积累了宝贵经验，被誉为"建国基石"。解放战争初期，以阜平为中心的晋察冀边区，成为挺进东北、夺取华北的前进阵地。第一部《毛泽东选集》在这里诞生，第一张人民币在这里印制，淮海战役从这里决策，土地改革从这里提出，《人民日报》从这里起步，中国人民大学从这里起源。

（四）典型案例

1. 河北阜平县

骆驼湾村是 2012 年底习近平总书记视察阜平时走访慰问的第一个村。全村 277 户 576 人，2012 年底建档立卡贫困户 189 户 447 人，贫困发生率 79.4%，人均可支配收入仅 950 元，无村集体收入。近十年来，骆驼湾村大力发展现代食用菌、高效林果、旅游三个主导产业。2021 年底骆驼湾村人均可支配收入增长到 17480 元，增长率为 1740%；村集体收入 106 万元。

图 7.70　骆驼湾村旧貌（1）　　　　图 7.71　骆驼湾村旧貌（2）

图 7.72　骆驼湾村旅游景区　　　　图 7.73　骆驼湾村新貌

（图片来源：阜平县乡村振兴局）

顾家台村是 2012 年底习近平总书记视察阜平时走访慰问的第二个村。全村 152 户 366 人，2012 年底贫困户 110 户 270 人，贫困发生率 75%，人均可支配收入仅 980 元，无村集体收入。

近十年来，顾家台村大力发展现代食用菌、高效林果、家庭手工业、旅游四个主导产业。2021 年底顾家台村人均可支配收入增长到 19153 元，增长率为 1854.39%，村集体收入 74.5 万元。

图 7.74　顾家台村旧貌（1）　　　　图 7.75　顾家台村旧貌（2）

图 7.76　顾家台村新面貌　　　　图 7.77　顾家台村党群服务中心

（图片来源：阜平县乡村振兴局）

2. 河北蔚县

河北蔚县陈家洼乡下元皂村距离乡政府驻地 2.7 公里，距离县城 38 公里，距 109 国道 2.13 公里，地处湖积台地前缘与河川区交会处。全村共计 522 户、1494 人，常住人口 680 人，村民主要收入来源是种植、养殖和打工。由于得到我市各级政府的高度重视，村庄面貌、群众生活水平逐步提升。

如今村庄道路宽阔平坦、村容干净整洁，近年来，下元皂完成全村道路硬化，基本实现户户通水泥路；在全村拆除残垣断壁 12 处，为建档立卡户危房改造，保障住房安全；为了更好发掘作为红色革命老区村的历史文化资源优势，下元皂村在主街道打造红色长廊，展示党的百年历史。同时修建完成文化广场 500 平方米，旁边是马宝玉纪念馆和戏台，配备体育活动器械和音响设施，精神面貌焕然一新，对构建和谐、文明新农村起到推动作用。

　　下元皂村党支部积极创新载体，紧贴农村实际抓实党员培训、致富带头人培训、村民培训，紧靠国家扶贫项目支持，积极推动脱水蔬菜种植、中药材种植，肉猪、肉驴、肉牛等养殖，发展小米、黍子、杏树、脱水蔬菜、中药材等特色产业，全面推进村级集体经济和富民产业发展。居民整体经济收入不断地提高，人均收入由原来的五千多元提高到现在的九千元，居民的生活条件和水平伴随着经济收入的提高而不断改善，村民的幸福指数也随之提高，这些都是村民能感受到的。

　　党的十八大以来，蔚县翠屏山脚下的郑家庄村积极利用村边荒地开发精品民宿——南山小院。悠闲的田园生活，满眼的蓝天白云正成为农村人的财富，逐渐转化为乡村旅居产业的制胜法宝。

图 7.78　下元皂村烈士纪念馆　　　　图 7.79　下元皂村宝玉戏台

图 7.80　下元皂村党建田　　　　　图 7.81　街心公园

图 7.82　2012 年下元皂村旧貌

图 7.83　2022 年下元皂村新貌

图 7.84　2012 年下元皂村红色教育基地

图 7.85　2022 年下元皂村红色教育基地

图 7.86　2012 年南山小院旧貌

图 7.87　2022 年南山小院新貌

（图片来源：河北蔚县乡村振兴局）

3. 山西武乡县

武乡县是全国著名的革命老区，被誉为"抗日模范县""八路军的故乡、子弟兵的摇篮"，是伟大太行精神的主要孕育地。抗日战争时期，是华北抗日的指挥中枢。

近年来，武乡县委、县政府紧紧围绕党中央、国务院关于新时代支持革命老区在新发展阶段巩固拓展脱贫攻坚成果，促进革命老区振兴发展的决策部署，以"弘扬太行精神、共建创新武乡"为主线，以八路军总部王家峪旧址"1+9"革命文物保护利用片区为核心，2021年成功申报中央专项彩票公益金支持欠发达革命老区乡村振兴示范区。

武乡县充分挖掘发挥红色文化资源，依据"宜融则融、能融尽融"原则，找准红色旅游和乡村振兴之间的最佳契合点，采取"乡村旅游＋红色研学""乡村旅游＋民俗文化""乡村旅游＋电商""乡村旅游＋商务会展""乡村旅游＋现代农业"等新业态，加快乡村旅游产业高质量发展。坚持以红色旅游为主线，以乡村旅游为依托，挖掘地方特色产业和文化，通过"文旅＋N"的发展模式，对当地农产品、特色物产、传统手工艺、非遗种类进行梳理挖掘，创新研发，激活乡村产业发展新业态，实现共生发展，促进群众增收。"小米加步枪、好米在武乡"，依托太行沃土省级龙头企业，支持发展区域品牌晋皇羊肥小米，实行"公司＋基地＋农户＋标准化＋品牌"的产业化经营模式，打造基地总面积19600亩，通过实行良种供应，加强技术指导培训，统一加工销售，小米产量年均达到252万斤，实现年销售额2890万元，带动614户农户种植羊肥小米谷子，户均年收入达到7000多元。

图 7.88　2012 年武乡县旧貌
（山西武乡县乡村振兴局供图）

图 7.89　2021 年武乡县新貌
（山西武乡县乡村振兴局供图）

图 7.90　2012 年武乡县旧貌
（山西武乡县乡村振兴局供图）

图 7.91　2021 年武乡县新貌
（山西武乡县乡村振兴局供图）

图 7.92　武乡县示范区建设过程
（山西武乡县乡村振兴局供图）

图 7.93　武乡县示范区建设过程
（山西武乡县乡村振兴局供图）

参考文献

[1] 余少松. 陕甘宁边区抗日民主根据地的历史贡献 [DB/OL].（2015-06-21）. sxdsw.org.cn

[2] 韩旭芳. 红色文化助推陕北老区乡村振兴路径研究 [D]. 长安大学，2020.

[3] 胡佳. 政策续航 推动新时代革命老区振兴发展 [J]. 中国老区建设，2022（1）：7-13

[4] 新华社. 感悟"沂蒙精神"见证老区发展——中央新闻单位青年编辑记者临沂行纪实 [DB/OL].（2018-07-15）http://www.xinhuanet.com/politics/2018-07/15/c_1123126763.htm

[5] 张克伟. 沂蒙红色文化资源产业化研究 [D]. 山东大学，2010.

后　记

我出生在江苏苏北一个县的农村家庭。小时候，从家到县城的公路是一条砂石路。下雨天，路上全部是黄色的雨水。家庭联产承包责任制的推行，农业产量大幅度提高，家乡人能够吃上白米饭。但生活依然拮据，大部分人家只能吃青菜汤，很少吃肉。一个爷爷辈的邻居常常对我说，你以后如能当上县委书记，别忘了给我买一件"的确良"衬衫（当时是比较昂贵的稀罕物）。目睹了小时候农民生活的贫困，我在填报大学志愿的时候，尽管父母希望我填报另一所大学，但我还是选择了填报中国农业大学，希望通过自己所学的知识能够帮助农民改善生活。大学四年毕业后，我到中国社会科学院研究生院攻读农业经济管理专业，希望进一步充实自己，能够帮助农民过上好日子。

攻读硕士、博士学位阶段，两个人对我影响很大。一个是我的博士生导师张晓山先生，一个是费孝通先生。张先生心胸开阔、为人豁达。在学术上坚持为国为民理念，70多岁还到各地实地调研，向农民学习。费孝通先生的治学之路对我影响很大，认识社会是为了改变社会。2005年，在张先生的带领下，当时还是博士研究生的我到甘肃渭源县红岘村进行调查，持续跟踪调查了10多年。2006年，我回到了阔别6年的母校工作，成为一名教师，也就不可能成为邻居爷爷期望的县委书记。当了一名大学老师，用收入给邻居爷爷买了件好衬衫，算是兑现了承诺吧。然而，几年前突然听到邻居爷爷喝农药自杀的消息，心中很悲痛，但冷静下来静思发现农村养老体系不健全是导致邻居爷爷自杀的主要原因。乡村还是有很多问题需要解决。

2010 年，我开始承担国务院扶贫办外资项目管理中心（中国扶贫发展中心）的"中央专项彩票公益金支持贫困革命老区扶贫项目"基线调查和绩效评价工作，一干又是 10 多年。这 10 多年，我到过几十个革命老区县上百个村庄进行调研。一个整体印象是老区经济社会发展相对落后，但也有红色、生态和传统文化保护好的特点。2020 年，脱贫攻坚战胜利了，党的"三农"工作重心开始向乡村振兴转移。我在思索一个问题：革命老区乡村振兴如何做？我想这个问题不仅对革命老区各级党政部门是个新问题，对我们广大学者而言也是一个新问题。经过近一年的思索和调研，我作出了革命老区乡村振兴遇上数字经济会实现"弯道超车"的理论预判。当然，理论预判是否准确，还需要实践检验。为此，我们计划开展"短视频直播助力革命老区乡村振兴"试点项目，借此检验理论预判是否正确和探索革命老区乡村振兴之路。

我们参阅了很多研究者的文章和媒体报道资料，吸收了很多人的观点，引用了很多媒体资料，可能并未一一标出，在此一并表示感谢。由于编著者水平有限，本书肯定还存在不足之处，恳请同仁指正。

陈前恒

2022 年 8 月 10 日于北京回龙观田园风光雅苑